Bibliografische Information der Deutschen Nationalbibliothek:

Die Deutsche Bibliothek verzeichnet diese Publikation in der Deutschen National-
bibliografie; detaillierte bibliografische Daten sind im Internet über http://dnb.d-
nb.de/ abrufbar.

Impressum:

Copyright © 2011 GRIN Verlag, Open Publishing GmbH
Druck und Bindung: Books on Demand GmbH, Norderstedt Germany
ISBN: 9783668368828

Dieses Buch bei GRIN:

http://www.grin.com/de/e-book/343260/cloud-computing-am-finanzplatz-schweiz-
chancen-und-gefahren

Stefan Ruchti

Cloud Computing am Finanzplatz Schweiz. Chancen und Gefahren

GRIN Verlag

GRIN - Your knowledge has value

Der GRIN Verlag publiziert seit 1998 wissenschaftliche Arbeiten von Studenten, Hochschullehrern und anderen Akademikern als eBook und gedrucktes Buch. Die Verlagswebsite www.grin.com ist die ideale Plattform zur Veröffentlichung von Hausarbeiten, Abschlussarbeiten, wissenschaftlichen Aufsätzen, Dissertationen und Fachbüchern.

Besuchen Sie uns im Internet:

http://www.grin.com/

http://www.facebook.com/grincom

http://www.twitter.com/grin_com

> "If computers of the kind I have advocated become the computers of
> the future, then computing may someday be organized as a public
> utility just as the telephone system is a public utility... The computer
> utility could become the basis of a new and important industry."
>
> *John McCarthy, MIT Centennial in 1961*

Cloud Computing Finanzplatz Schweiz – Chancen und Risiken. Von Stefan Ruchti
www.fhnw.ch/wirtschaft

iii

Management Summary

THESIS

Cloud Computing - Finanzplatz Schweiz: Chancen und Risiken

Stefan Ruchti

Nicht erst seit der letzten Wirtschaftskrise steht der Finanzplatz Schweiz unter grossem internationalem Druck. Stark getrieben durch neue Regulatorische Eigenkapitalvorschriften wie Basel III, sowie neue Steuerabkommen mit den USA und der EU (Beispiel: Foreign Account Tax Compliance Act, TAX-Crime, OECD) etc.; bewegt sich der Finanzplatz in Richtung große Transformationsprojekte. Wichtige innerbetriebliche Herausforderungen an die IT - Verantwortlichen stehen zurzeit im Vordergrund: Die aktuelle IT Flexibilität der Kostendruck, Rückgewinnung von verlorenem Kundenvertrauen und das klein halten von Reputationsrisiken, sowie erhöhte Anforderungen an die IT Services um die Beratungsqualität der Finanzinstitute zu steigern haben hohe Priorität. Der Finanzmarkt der ein sehr wichtiger Sektor für unsere Volkswirtschaft darstellt sucht und forscht mit Hilfe von großen Software- und Hardware Giganten nach neuen IT Konzepten und definiert neue Strategien, um dieser Marktentwicklung effizient und effektiv zu begegnen. Die Hauptfrage dabei ist:

„Hat Cloud Computing eine Chance auf dem Finanzplatz Schweiz oder stellt die neue IT Generation ein zu hohes Risiko dar?

Seit 2007 existiert das Konzept Cloud Computing, diese neue Generation in der Informationstechnologie profiliert sich durch die markanten Vorteile eines hoch verfügbaren, sehr elastischen und flexiblen, sowie skalierbaren und Kosten sparendes IT Konzept. Die Hauptphilosophie von Cloud Computing ist die Industrialisierung von Service orientierten Architekturen und Virtualisierungstechnologien, unter der Ausnutzung von enormen Skaleneffekten. Diese Arbeit beschreibt und behandelt die Chancen, Risiken sowie die Abgrenzung zu bestehenden IT Konzepten und soll deren Entwicklungstendenz aufzeigen.

Schlüsselthemen: *Mechanismen und das Charakteristikum von Cloud Computing (SaaS, PaaS, IaaS, Private-, Public- Hybrid-, Community Cloud), Struktur und Bedeutung Finanzplatz Schweiz, Chancen und Risiken von Cloud Computing, Cloud Computing Umfrage/Analyse – Finanzplatz Schweiz.*

Cloud Computing Finanzplatz Schweiz – Chancen und Risiken. Von Stefan Ruchti
www.fhnw.ch/wirtschaft

iv

Danksagung

Hiermit bedanke ich mich für die hilfreiche Unterstützung meiner Professorin und Studienleiterin Prof. Dr. Stella Grivas Gatziu, sowie meinem Co-Referenten Roger Meili, Geschäftsführer der Firma Profile Consulting für die Ermöglichung und Zurverfügungstellung der Adressen für eine schweizweite Umfrage im Finanzsektor. Im Weiteren bedanke ich mich bei Marco Marchesi, Inhaber der Firma ISPIN AG für seine Unterstützung im Bereich IT Security und Riskmanagement. Sowie den zahlreichen Vertretern aus der Finanzbranche und natürlich allen Teilnehmern der Umfrage – Cloud Computing Finanzplatz Schweiz – Chancen und Risiken.

Stefan Ruchti

Cloud Computing Finanzplatz Schweiz – Chancen und Risiken. Von Stefan Ruchti
www.fhnw.ch/wirtschaft

v

Abbildungsverzeichnis

Cloud Computing Finanzplatz Schweiz – Chancen und Risiken. Von Stefan Ruchti
www.fhnw.ch/wirtschaft

vi

Abkürzungsverzeichnis

CEO	Chief executive officer
SAN	Storage Area Network
FATCA	Foreign Account Tax Compliance Act
ESRB	European Systemic Risk Board
EBA	European Banking Authority
EIOPA	European Insurance and Occupational Pensions Authority
ESMA	European Systemic Risk Board
UCITS	Undertakings for Collective Investment in Transferable Securities
MIFID	Markets in Financial Instruments Directive
OECD	Organisation for Economic Co-operation and Development
IOSCO	International Organization of Securities Commissions
BIZ	Bank für Internationaler Zahlungsausgleich
Lit	Literaturverzeichnis
FHNW	Fachhochschule Nordwestschweiz

Cloud Computing Finanzplatz Schweiz – Chancen und Risiken. Von Stefan Ruchti
www.fhnw.ch/wirtschaft

vii

INHALTSVERZEICHNISS

Cloud Computing Finanzplatz Schweiz – Chancen und Risiken. Von Stefan Ruchti
www.fhnw.ch/wirtschaft

viii

Cloud Computing Finanzplatz Schweiz – Chancen und Risiken. Von Stefan Ruchti
www.fhnw.ch/wirtschaft

ix

1. Einleitung

1.1 Hintergrund Informationen

Cloud Computing ein relativ neues IT Konzept, dass sich durch die markanten Vorteile eines hoch verfügbaren, sehr elastischen, flexiblen, skalierbaren und natürlich Kosten sparendes Konzept definiert. Die Cloud wird über ein Netzwerk angeboten und die Verteilung der Services wird stark nach Verbrauch abgerechnet. Dieses IT sourcing Konzept ist schon lange kein neuer Begriff mehr. Mit großen Anstrengungen entwickelt sich Cloud Computing weg vom „Hype" zu einer neuen standardisierten, effizienten und immer sichereren alternativen Lösung parallel zu klassischen Outsourcing Strategien.

Man muss sich nur im Internet umsehen und   Suchmaschinen finden unzählige Informationen über die verschiedensten Cloud Arten wie Privat-, Public- oder Hybride Clouds. Egal, ob auf Internetseiten eines Software Giganten, auf Blogs von Hardwareherstellern, sogenannten neuen Cloud Brokern, Providern oder in sonstigen Internetforen, findet man dazu Berichte. Jeder sieht die Chancen und Risiken von Cloud Computing ein wenig differenzierter, was sich nicht nur aus dem Einsatz der verschiedenen heterogenen Technologien erklären lässt. Die Computerzeitschriften und sonstige IT Publikationen fassen das Wissen über Cloud Computing noch einmal gebündelt in kurzen Artikeln zusammen. Marktforschungsinstitute bereiten parallel, das durch Ihre professionellen Marktanalysten mithilfe von gesammelten Marktdaten aus Field oder Desk Studien aufbereitete Wissen, in wichtigen zusätzlichen, hochkomplexen, analysierten Studien auf. Einerseits werden positive Argumente so dargelegt und mithilfe von adoptierten Cloud Kenntnissen das bestehende Produktportfolio von herkömmlichen IT Anbietern knackiger und attraktiver gemacht, andererseits wird ganz stark mit neuen Cloud Service und Dienstleistungsangeboten aufgefahren. Aber Vorsicht, wo Cloud draufsteht muss nicht zwingend Cloud Computing drin sein; es ist nach klaren Kriterien zu herkömmlichen IT Modellen abzugrenzen. Fact ist, dass sich Hersteller, Softwarehäuser und Betreiber von Clouds jetzt schon in einem harten Konkurrenzkampf gegenüberstehen und jeder vom Kuchen der Marktkapazität ein möglichst großes Stück Marktanteil abbekommen möchte. Potenzielle Kundschaft wird für die Cloud Computing begeistert und umworben. Einige große namhafte Softwarehäuser, investieren in mehreren 100 Millionen Dollar Höhe, in neue Cloud Infrastrukturen.

Die Mehrheit der Entscheider auf dem Finanzplatz Schweiz hat den Mehrwert von Cloud Computing erkannt. Selbstverständlich besteht eine allgemeine, natürliche und skeptische Haltung bezüglich der Frage der Risiken, die von Cloud Computing ausgehen. Gerade bei

Cloud Computing Finanzplatz Schweiz – Chancen und Risiken. Von Stefan Ruchti
www.fhnw.ch/wirtschaft

1

der Erfüllung der Compliance Anforderungen in der Cloud, der Datensicherheit und des Governace Verlustes sind die entsprechenden Verantwortlichen besonders sensibilisiert. Diese Haltung ist insofern berechtigt, als Cloud Lösungen in der Praxis noch zu wenig ausgereift und erprobt sind. Es wäre naiv die Erwartungshaltung anzunehmen, dass Banken oder Versicherungen ihre hochsensiblen Daten in eine öffentliche Wolke transferieren, mal abgesehen von Gesetzen und Vorschriften, die die Handhabung von Kundendaten regeln. Der Finanzmarkt braucht Innovationskraft, Flexibilität und mehr Kundenorientierung, um die Wettbewerbsfähigkeit zu gewährleisten und die Reputationsrisiken zu minimieren. Die Machbarkeit die Kostenreduktion betreffend, ist in einigen Unternehmungen mit klassischen IT Infrastrukturen bei maximal 3 % fast schon statisch. Steigerungen in der Effektivität beim Einsatz von altbewährten Mainframe-Systemen haben schon lange die oberste Grenze der Machbarkeit erreicht. Der Finanzmarkt sucht also intensiv nach neuen Konzepten und Lösungen. Die altbewährten Mainframe-Systeme auf neue effizientere Systeme zu migrieren würde Millionen kosten und solche Projekte sind zurzeit, wenn überhaupt jemals, schwer umsetzbar. Man erfährt durchaus sehr positive Resonanzen, speziell im Bereich von Private Cloud Lösungen. Es wird aktiv über mögliche IT Infrastruktur Synergien und Cloud Computing Lösungen nachgedacht. Einige Projekte haben die ersten „Milestones " erreicht, oder sind schon abgeschlossen. Leider sind hier auch kürzlich gescheiterte Synergie Projekte anzumerken. Der Versuch eine gemeinsame Informatik und Backoffice basierende Community Cloud im Joint-Venture zwischen ZKB und der BCB zu realisieren, ist aus zeitlichen und Kostengründen abgebrochen worden; der Risiko GAP der Zielerreichung war zu groß. Die Medien berichten von ungefähr 50 Millionen Abschreibungen total, auf beiden Seiten. Momentan jedoch, sind neue Cloud Computing Bemühungen bei der Zürcher Kantonalbank in Planung.

Die Prioritäten liegen in den Agenda und Pflichtenheften der IT-Verantwortlichen, bezüglich starker Compliance Veränderungen. Seit dem 11. September wurden die Bemühungen im internationalen Kampf gegen den Terrorismus in verschiedenen Gesetzen verschärft. Die vereinten Nationen verabschiedeten am 25.Oktober 2011 ein Gesetz; den USA Patriot Act [→Lit./13]. Dieser bestimmt rudimentär gesagt, dass das FBI Rechte besitzt, Einsicht in die finanziellen Daten von Bankkunden zu nehmen, ohne dass Beweise auf ein Verbrechen vorliegen.

Wenn die USA niest, bekommt der Rest der Welt Schnupfen[1]. Wir erinnern uns an die letzten Jahre. Der einst weltgrößte Versicherer AIG taumelt, die Investmentbank Merrill Lynch wird

---

[1] [John Maynard Keynes, Quelle: http://en.wikipedia.org]

Cloud Computing Finanzplatz Schweiz – Chancen und Risiken. Von Stefan Ruchti
www.fhnw.ch/wirtschaft

2

per Notverkauf gerettet. Und dann Lehman Brothers. Die UBS wurde mit 68 Milliarden staatlicher Hilfe gerettet. Heute 2011, steht der Finanzmarkt Schweiz, zurzeit meiner Arbeit unter starkem internationalem Druck. Dem liegen die Auswirkungen der Finanzkrise sowie Verhandlungen mit den USA und Deutschland zugrunde. Die Aussage die Schweiz sei eine „Steueroase" führt zu neuen Doppelbesteuerungsabkommen und Revisionen, Beispiele sind Revisionen der Steuerdelikte „tax crime" von der Expertengruppe der G7 Staaten [FATF], oder neue US-Regulierungen der Foreign Account Tax Compliance Act [→Lit./20]. Die USA streben die weltweite Transparenz für ihre Steuerpflichtigen in Bezug auf Konto- und Depotwerte an. Es besteht und entstehen viele neue Empfehlungen, Vorschriften, Gesetze und Verträge, ausgehend von der EU mit Ihren neuen Aufsichtsbehörden wie: European Systemic Risk Board [→Lit./22], European Banking Athirity [→Lit./23] EIOPA, ESMA und neuen Revisionen von Richtlinien sogenannte Prospektrichtlinien, UCITS, MiFID etc, die OECD mit neuen Musterverträgen und Empfehlungen, die International Organization of Securities Commissions, die Financial Action Task Force , Financial Services Board und den Empfehlungen des Basler Ausschusses, Bank für Internationaler Zahlungsausgleich (BIZ) mit Basel III" um nur einige zu nennen.

Der Bundesrat ist zurzeit meiner Arbeit an der Ausarbeitung und Verabschiedung von verschiedenen Revisionsgesetzen beschäftigt:

- Die Revision des Einlegerschutzes,
- Revision des Bankensanierungsrechts
- Gesetzgebung von „too-big-to-fail"
- Revision zur Eigenmittelverordnung des Bundesrates (Basel III)
- Revision des Kollektivanlagegesetzt (KAG)
- und Vertriebsregeln für Finanzprodukte am Point of Sales (POS).

Mit dem Wissen, dass Finanzinstitute meistens in mehreren Ländern und Finanzmärken tätig sind, nehmen diese aufgeführten Veränderungen direkt oder indirekt Einfluss auf den Finanzmarkt Schweiz und seine Marktteilnehmer. Die IT Verantwortlichen sind also gefordert mit großen Transformationsprojekten die IT auf die neuen Compliance Anforderungen des Business zu trimmen. Sie sind sich jetzt schon dessen bewusst, dass nicht alle Marktteilnehmer diese regulatorischen Anforderungen rechtzeitig werden erfüllen können. Dies wird zur Folge haben, dass sich einige Mitbewerber von gewissen Märkten verabschieden müssen. ***Könnten diese Veränderungen eine Chance für hochflexible Cloud Computing Lösungen sein?***

Cloud Computing Finanzplatz Schweiz – Chancen und Risiken. Von Stefan Ruchti
www.fhnw.ch/wirtschaft

3

Andere Pflichten denen sich der Finanzplatz Schweiz stellen muss, sind bei vielen Unternehmungen interne, betriebliche Faktoren und Spannungsfelder die auf der Tagesordnung stehen. Ein großes Thema ist immer wieder die Zusammenarbeit (IT Aliment) zwischen Business und IT. In gewissen Fällen sei es immer noch schwierig eine langfristige IT Strategie zu entwickeln. Um in gewissen Bereichen Kosten- oder Innovationsführer zu sein, ist es notwendig zu eruieren, was das Business eigentlich will. Ist das Business selber im Unklaren darüber, ergeben sich kausale große Herausforderungen und Spannungsfelder der Push oder Pull Verhältnisse. Der Leiter des Department IT (CIO) und Mitglied der Geschäftsleitung von Raiffeisen Schweiz Damir Bogdan äußerte sich am 13. EUROFORUM - Banken IT dazu wie folgt: „Die Verantwortung der IT ist dem Business klar zu machen, welche Auswirkungen die Einführung eines bestimmten IT Produktes hat. Dies bedeutet, dass man gerade bei einer Bank bei Core Systemen „keine Kompromisse" mit dem Business eingehen sollte. Bei der Anschaffung von beispielsweise ePad Tablet PCs etc. könnte man dem Business die Entscheidung der Innovation weitgehend überlassen".

Die großen Softwarehäuser wie Avalog Evolution AG, Finnova AG und Assentis Technologies AG etc. spüren ebenso die Auswirkungen von großen Währungsbewegungen. Der gegenwärtig schwache Euro und ein großer Margendruck der sich negativ auf die Finanzbrache auswirkt, haben speziell bei Privatbanken IT Budgetkürzungen zur Folge.

Nach Aussage von Stefan Arn, UBS Head of IT Switzerland ebenfalls am 13. EUROFORUM Bank IT sagte sinngemäß. "Immer noch problematisch ist es qualifiziertes IT Personal in der Schweiz zu finden. Nicht nur bei uns laufen immer noch ganze Applikationslandschaften auf alt bewährten UNIX basierten mit Cobol/Java entwickelten Mainframe Lösungen. Wie schon bekannt haben diese Umstände unter Anderem dazu geführt, dass ein erfolgreiches Offshoring in Malaysia betrieben wird."

1.2 Problemdarstellung

Cloud Computing ist ein nicht gerade idealer Begriff und ungünstig gewählt, denn eine Wolke suggeriert nicht unbedingt großes Vertrauen in Beständigkeit, sondern besteht ja bekanntlich aus unzähligen Wassertropfen, die sich irgendwo in der Wolke befinden und schnell verdampfen können.

Laut Gartner verlässt Cloud Computing im Jahre 2009 den sogenannten „Peak of Inflated Expectations" – den Gipfel der überzogenen Erwartungen, was bedeutet, dass eine übermäßige Berichterstattung zu diesem Thema, verbunden mit übertriebenem Enthusiasmus und unrealistischen Erwartungen zu einer Überbewertung des IT Konzeptes

Cloud Computing Finanzplatz Schweiz – Chancen und Risiken. Von Stefan Ruchti
www.fhnw.ch/wirtschaft

4

geführt hat. In Bezug auf diese Umstände sind die IT Verantwortlichen gerade bei Finanzinstituten besonders gefordert.

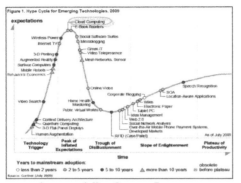

ABBILDUNG 1: HYPE CYCLE FOR EMERGING TECHNOLOGIES. GARTNER, ONLINE 2009

Im zeitlichen Rahmen dieser Arbeit von einem halben Jahr möchte ich diesen entscheidenden Spagat, bezogen auf die Chancen [→vgl. Kapitel 4.1] und Risiken [→vgl. Kapitel 4.2] von Cloud Computing, so detailliert wie es der zeitliche Rahmen der Studienarbeit ermöglicht wagen. Im Besonderen behandelt diese Arbeit die Themenfrage wie sich die Finanzbranche in der Schweiz mit Cloud Computing auseinandersetzt. Werden bei Finanzinstituten heute schon Cloud Projekte integriert oder sind solche geplant? Wie weit und warum wartet man eventuell in dem Wirtschaftssektor Finanzen und Versicherungen zu diesem Zeitpunkt noch ab?

Ziel dieser Masterarbeit ist es folgende Fragen zu Analysieren, um eine Antwort darauf zu geben wie sich die Entwicklung eines potenziellen Nachfragemarkts Finanzplatz Schweiz, bezogen auf Cloud Computing Services entwickelt. Diese Arbeit behandelt die ausgewählten Kernfragen:

- Welchen Stellenwert hat Cloud Computing zurzeit auf dem Finanzplatz Schweiz?
- Was für allgemeinen Chancen und welche Chancen sehen speziell Finanzunternehmen in der Schweiz, betreffend Cloud Computing?
- Welche Risiken sind mit Cloud Computing verbunden insbesondere bezogen auf die Sicht der Finanzunternehmen?
- Zukunftsprognose: Wie wird sich Cloud Computing in der Zukunft auf dem Finanzplatz Schweiz entwickeln?

Cloud Computing Finanzplatz Schweiz – Chancen und Risiken. Von Stefan Ruchti
www.fhnw.ch/wirtschaft

5

Wie schon erwähnt ist es mein Anliegen in dieser Arbeit im zeitlichen Rahmen vom 01. Dezember 2010 bis zum 01.Mai 2011, so detailliert wie möglich auf diese Fragen einzugehen.

1.3 Vorgehen

Der Motivationsansatz für diese Master Thesis ist eine klare Meinungsbildung darüber zu erarbeiten in welcher Form Cloud Computing für Finanzinstitute interessant sein könnte oder ist? Wie verschiedene Finanzinstitute mit den bestehenden Risiken und Chancen die Cloud Computing mit sich bringt umgehen?

Aus dem detaillierten Motivationsansatzes und die Fragenidentifikation im Kapitel „Problemdarstellung" definiert sich folgendes Vorgehen:

- Entwicklung und Verteilung einer Umfrage an 320 Finanzinstitute in der Schweiz mit dem Ziel: den aktuellen Stand von Cloud Computing angewandt auf den Finanzplatz Schweiz heraus zu finden. (Zeitrahmen der Umfrage: 15.12.2010 – 01.02.2011)

- Parallele Prüfung von vorhandener Literatur, um ein umfassendes Verständnis über die Chancen und Risiken von Cloud Computing zu geben.

- Aufbereitung und Analyse der gesammelten Umfrageresultate in Form eines aktuellen Statusberichts betreffend Cloud Computing/ Finanzplatz Schweiz. Sowie die daraus resultierenden Chancen und Risiken.

- Generierung einer Vorhersage wohin uns Cloud Computing im Finanzumfeld führen wird.

1.4 Eingrenzung

Diese Arbeit basiert auf folgenden Eingrenzungen und Annahmen.

Eingrenzungen:

a) Diese Master Arbeit wurde innerhalb von sechs Monaten geschrieben. In einem Zeitrahmen vom 1. Oktober 2010 bis zum 01. Mai 2011.

b) Die Web-Umfrage wurde an 320 Adressen von Entscheidungsträger aus dem Finanzmarkt Schweiz gesendet.

c) Aufgrund der niedrigen Teilnehmerquote der Umfrage, kann diese nicht als repräsentativ für den gesamten Finanzplatz gewertet werden. Trotzdem können interessante, aufschlussreiche Annahmen und Schlussfolgerungen aus der Umfrage gezogen werden.

Cloud Computing Finanzplatz Schweiz – Chancen und Risiken. Von Stefan Ruchti
www.fhnw.ch/wirtschaft

6

d) Die Web-Umfrage wurde in der Anonymität ausgeführt damit wird sichergestellt, dass keine Rückverfolgung der Informationen möglich ist.

Annahmen:

a) Es wird davon ausgegangen, dass die Teilnehmer der Umfrage, diese ehrlich und wahrheitsgetreu beantwortet haben.

b) Es wird angenommen, dass die Teilnehmer der Umfrage einige Grundkenntnisse von Cloud Computing hatten.

1.5 Kapitel Übersicht

Kapitel 1: Einleitung

In diesem Kapitel geht es um die Hintergrundinformationen und die eigentliche Motivation der Kernfragen, bezogen auf die Problemstellung der Arbeit. Im Weiteren werden das Vorgehen und die Eingrenzung der Arbeit beschrieben.

Kapitel 2: Cloud Computing

Dieses Kapitel behandelt, wie sich Cloud Computing definiert und soll eine grobe Übersicht darüber geben, aus welchen Komponenten Cloud Computing sich zusammensetzt.

Kapitel 3: Finanzplatz Schweiz

Behandelt die Marktteilnehmer auf dem Finanzplatz Schweiz sowie seine nationalen und internationalen Treibern.

Kapitel 4: Chancen und Risiken von Cloud Computing

Der Inhalt dieses Kapitels behandelt die direkten und indirekten Chancen und Risiken von Cloud Computing.

ABBILDUNG 2: THESIS ROAD MAP,
EIGENE DARSTELLUNG 2011.

Kapitel 5: Umfrage Daten Analyse

Hier finden Sie die Daten aus der Umfrage, in zusammenfassender, analysierender Form ausgewertet und dargestellt.

Kapitel 6: Lesson Learning und Empfehlungen

Cloud Computing Finanzplatz Schweiz – Chancen und Risiken. Von Stefan Ruchti
www.fhnw.ch/wirtschaft

7

Dieses Kapitel dient als Fazit der Arbeit und soll Zukunftstendenzen von Cloud Computing auf dem Finanzplatz Schweiz aufzeigen. Es soll eventuelle Empfehlungen für weiteres Vorgehen betreffend Cloud Projekte und weiterführende Literatur zur Verfügung stellen.

2. Cloud Computing

Es bestehen mehrere Angebote in fortgeschrittener, pragmatischer Definition von bekannten Marktforschungsinstituten und großen IT Unternehmen was Cloud Computing genau ist und beinhaltet. Der Markt hat neue Cloud Anbieterfirmen, so genannte „Cloud Brokers" hervorgebracht und einige Unternehmen auf der Cloud Kundenseite haben Teile ihrer Infrastruktur oder Teilprozesse schon ganz auf Cloud Computing Konzepte migriert.

Diese Entwicklungen von Cloud Computing stellen wie bei allen neuen IT Konzepten, die IT Verantwortlichen vor neue Herausforderungen. Bis dahin werden im Speziellen immer noch rege Diskussionen über die Machbarkeit und den Reifegrad der Unternehmen für das relativ neue Konzept Cloud Computing geführt. Wie soll ich erfolgreich in die Cloud migrieren? Noch fehlende Standards und Vergleichsprojekte diesbezüglich und die damit verbundenen Chancen und Risiken von Cloud Computing im Allgemeinen.

Folgende Kapitel präsentieren eine grobe Zusammenfassung darüber, was Cloud Computing bedeutet und aus welchen Komponenten Cloud Computing grundlegend besteht. Im Einzelnen werden die Cloud Typen: Private-, Public, Hybride- und Community Cloud beschrieben [→Kapitel 2.2] sowie die verschiedenen Delivery Modelle wie Software-, Plattform, und Infrastruktur as a Service Ansätze behandelt [→Kapitel 2.3]. Abschließend werden im [→Kapitel 2.4] auf den Cloud Markt allgemein, die Marktimpulse, die Investitionen der Cloud Anbieter und Cloud Allianzen eingegangen.

2.1 Definitionen von Cloud Computing

Der Begriff Cloud Computing wurde erstmals in einem akademischen Kontext von Prof. Kenneth K. Chellapa verwendet, der es im Jahre 1997 an einer InForm Konferenz in Dallas als „Cloud Computing ist ein Paradigma, wo die Grenzen der Berechnung durch ökologische Logik statt durch technische Grenzen bestimmt werden", beschrieb [Kenneth K. Chellapa, 1997]. Diese Beschreibung ist deutlich breiter und weniger technisch als viele der im Umlauf befindenden Definitionen.

„Cloud Computing steht für einen Pool aus abstrahierter, hochskalierbarer und verwalteter IT-Infrastruktur, die Kundenanwendungen vorhält und falls erforderlich nach Gebrauch abgerechnet werden kann." [Forrester Research, 2010].

Cloud Computing Finanzplatz Schweiz – Chancen und Risiken. Von Stefan Ruchti
www.fhnw.ch/wirtschaft

8

Das Wort „Cloud" steht dabei für das Internet das oft als Wolke dargestellt wird. Achtung Cloud Computing ist keine neue Technologie sondern ein neues IT Delivery Konzept das IT Ressourcen theoretisch unbegrenzt, über ein Netzwerk einem potenziellen Benutzer On-Demand zur Verfügung stellt.

Das eigentliche Grundkonzept und die „Philosophie" die hinter Cloud Computing steckt, bestehen im Wesentlichen in der Aufteilung von hoch komplexen IT Ressourcen, die auf eine große Anzahl von Benutzern ausgelegt ist. Hardware und Software werden mit dem Hauptziel der gemeinsamen Nutzung, IT Anwendern weltweit zur Verfügung gestellt. Somit ergeben sich bei einigen Cloud Arten, am Stärksten bei der Public Cloud, erhebliche Skaleneffekte und dementsprechend große Einsparmöglichkeiten. Die von vielen Cloud Benutzern gemeinsam getragenen Kosten (Cost Sharing), können als verschiedene Preismodelle an jeden einzelnen Cloud Kunden weitergegeben werden. Die IT Cloud Services wie Software-as-a-Service, Plattform-as-a-Service oder Infrastructure–as-a-Service [→ Kapitel 2.3 Cloud Service Architekturen] werden dabei Nutzenabhängig abgerechnet. Für den Cloud Benutzer entstehen positive Effekte wie eine Kostenverschiebung von Investitionskosten zu Betriebskosten. Aus den Gründen, dass ein großer Teil von der IT Infrastruktur bspw. bei IaaS, bei der die Infrastruktur ausgelagert ist, nicht mehr selber gewartet werden muss. Auch ergeben sich durch Cloud Computing schnellere Implementierungs- und Entwicklungszeiten also eine Verbesserung des Time to Market. Außerdem erhöht sich die Flexibilität und Agilität je nach Cloud Typ [→ Kapitel 2.2 Cloud Typen] mehr oder weniger unterschiedlich stark. Mit dem Ablösen von Business Prozessen von der eigentlichen IT Technologie, entstehen dadurch weitere neue Outsourcing Modelle und die damit verbundenen Vorteile und Nachteile.

Cloud Computing ist keine neue Erfindung sondern besteht im Wesentlichen aus der Kombination und der Weiterentwicklung von verschiedenen standardisierten, hoch verfügbaren, flexiblen und Service orientierten Technologien. Diese werden von neuen und bestehenden IT Konzepten organisiert und strategisch unterstützt. Die Haupttechniken auf die Cloud Computing aufgebaut ist, sind im Wesentlichen folgende: [→ Abbildung 3: Haupttechnologien von Cloud Computing].

Cloud Computing Finanzplatz Schweiz – Chancen und Risiken. Von Stefan Ruchti
www.fhnw.ch/wirtschaft

9

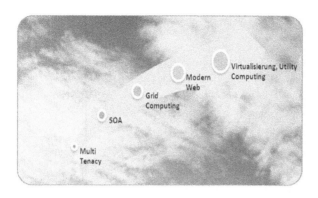

ABBILDUNG 3: HAUPTTECHNOLOGIEN VON CLOUD COMPUTING, EIGENE DARSTELLUNG 2011

Multi-Tenancy:

Bedeutet Mandantenfähigkeit → mehrere Kunden benutzen gleichzeitig und gemeinsam die gleichen IT Infrastrukturen, Server oder Software und greifen zugriffstechnisch voneinander getrennt, auf diese Systeme zu.

Virtualization:

Schaffen logischer Abstraktionsschichten, um die eigentliche Hardware-Rechenleistung und den Speicherplatz vom Anwender zu trennen.

Utility Computing

Techniken und Geschäftsmodelle, mit denen ein Service-Provider seinen Kunden IT-Dienstleistungen zur Verfügung stellt und diese nach Verbrauch abrechnet. Beispiele solcher Dienstleistungen sind Rechenleistung, Speicherkapazität und Applikationen. Als Dienstleister kommt auch das Rechenzentrum eines Unternehmens in Frage; in diesem Fall wären dessen Sparten die Kunden.

Cloud Computing Finanzplatz Schweiz – Chancen und Risiken. Von Stefan Ruchti
www.fhnw.ch/wirtschaft

10

Internet, Moderne Web- und Netzwerktechnologien

http, Webanwendungen (stand alone oder integriert), SaaS, vierstufige Netzwerke (Drillprotokoll), 10GbE, Breitband-Anschlüsse FDDI, Kollektive Intelligenzen Web 2.0, Web 3.0 und zukunftsweisende Semantische Netzwerke etc.

Serviceorientierte Architektur (SOA)

Ist ein Architekturmuster der Informationstechnik aus dem Bereich der verteilten Systeme, um Dienste von IT-Systemen zu strukturieren und zu nutzen. Eine besondere Rolle spielt dabei die Orientierung an Geschäftsprozessen, deren Abstraktionsebenen die Grundlage für konkrete Service Implementierungen sind: „Vergib einen Kredit" ist beispielsweise auf einer hohen Ebene angesiedelt. Dahinter verbirgt sich bei einem Bankunternehmen ein Geschäftsprozess mit einigen beteiligten Personen und informationstechnischen Systemen („Eröffnen der Geschäftsbeziehung", „Eröffnen eines oder mehrerer Konten", „Kreditvertrag..." und so weiter), während „Trage den Kunden ins Kundenverzeichnis ein" ein Dienst auf einer niedrigeren Ebene ist. Durch Zusammensetzen (Orchestrierung) von Services niedriger Abstraktionsebenen können so recht flexible Services höherer Abstraktionsebenen, unter Ermöglichung größtmöglicher Wiederverwendbarkeit, geschaffen werden.

Grid Computing

Eine Vielzahl von Servern in einem so genannten Cluster übers Internet miteinander zu verknüpfen und sich dabei die Summe der Rechenleistung, wie die eines Supercomputers zunutze zu machen, ist Grid Computing.

Cloud Computing vereinigt also die Technologien des Grid Computing mit der Serviceorientierung des Business Computing, indem über dynamisch skalierbar verteilte Infrastrukturen Ressourcen wie Hardware und Software von einem oder mehreren Anbietern zugleich bereitgestellt und anhand des Verbrauchs bzw. einer Nutzungsgebühr abgerechnet werden. Skeptiker vertreten die Meinung, dass es sich bei Cloud Computing lediglich um ein neues Label für ein bekanntes Konzept handelt. Diese Sichtweise ist nicht falsch aber sehr vereinfacht, denn dabei wird unter anderem die technische Weiterentwicklung des Internets vernachlässigt. Das Internet bietet heute neue Möglichkeiten, die es früher noch nicht

Cloud Computing Finanzplatz Schweiz – Chancen und Risiken. Von Stefan Ruchti
www.fhnw.ch/wirtschaft

11

gegeben hatte. Im Weiteren bietet Cloud Computing Potenziale, die eine Ressourcennutzung weit mehr als bisher optimieren kann.

Cloud Computing ist eine Form der elektronischen Datenverarbeitung, bei der skalierbare und elastische IT-basierte Verarbeitungsmöglichkeiten mittels Internet-Technologien als Services an externe Kunden bereitgestellt werden. „Wenn man Cloud Computing Ansätze untersucht, dann müssen sowohl Anbieter von Cloud Services, wie auch die potenziellen Kunden dieser Cloud Services die Attribute überprüfen, um unterscheiden zu können, ob der offerierte Service auch die gewünschten Ergebnisse liefert". [Gartner, Daryl Plummer, Managing Vice President and Chief Gartner Fellow, 2010].

2.2 Cloud Typen

Unter Cloud Computing wird nicht nur die Art und Weise verstanden mit der Anwendungen und Ressourcen als IT-Dienste über das Internet bezogen werden, sondern es geht auch um besondere Arten der Nutzung. Es existieren wie beim klassischen Outsourcing verschiedene Betriebs-, Eigentums- und Organisationsmodelle. Zurzeit unterscheidet man die Cloud-Typen durch die Hauptmerkmale wie und wo sich die IT Infrastruktur physisch befindet; im eigenen Intranet oder komplett ausgelagert bei einem Provider und wem diese Infrastruktur gehört, beziehungsweise wer sie unterhält. Grundlegend geht es also um die eigentliche Fertigungstiefe der IT Sourcing-Strategie. Folgende Cloud Typen werden derzeit unterschieden: Privat Cloud, Public Cloud, Hybrid Cloud und Community Cloud.

2.2.1 Private Cloud

Von einer Private Cloud spricht man, wenn Organisationen ihre hoch standardisierte, effiziente, virtualisierte und automatisierte IT Infrastruktur selbst betreiben oder eigene Server angemietet haben und Ihre IT Services innerhalb ihres eigenen Netzwerkes (Intranet, auf der LAN Seite der eigenen Firewall) und nur für Ihren eigenen Nutzen bereitstellen.

Beim Cloud Type Private können verschiedene Sourcing-Strategien in Betracht gezogen werden je nachdem, ob ein Unternehmen die benötigte Infrastruktur selbst besitzen und betreiben möchte, bis zum Auslagern der kompletten IT Infrastruktur in eine eigene Private Cloud.

Cloud Computing Finanzplatz Schweiz – Chancen und Risiken. Von Stefan Ruchti
www.fhnw.ch/wirtschaft

12

ABBILDUNG 4: PRIVATE CLOUD, EIGENE DARSTELLUNG 2011.

Private Cloud Typ A das Rechenzentrum steht im eigenen Unternehmen. Beim zweiten Typ B steht das Rechenzentrum auch in der eigenen Firma, wird aber von Dritten betrieben und beim Typ C wird das komplette Rechenzentrum von Dritten extern „gehostet" und betrieben. Selbstverständlich sind noch weiter Mischformen machbar.

2.2.2 Public Cloud

Bei einer Public Cloud im Gegensatz zur einer Private Cloud werden die IT Dienste (Speicherplatz, Rechenleistung etc.) wie es in der Bezeichnung angedeutet wird „öffentlich gemacht", dass bedeutet das IT Infrastruktur, einzelne Softwarelösungen oder Entwicklungsumgebungen von einem sogenannten Cloud Provider angeboten werden und Firmen diese mieten können.

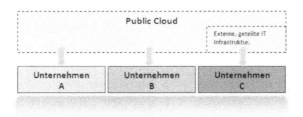

ABBILDUNG 5: PUBLIC CLOUD, EIGENE DARSTELLUNG 2011

Verschiedene Firmen greifen also gleichzeitig auf ein und dieselbe IT Infrastruktur zu, die selbstverständlich Mandanten fähig ausgelegt ist. Aus dieser Synergie der großen Teilung von Ressourcen ergeben sich erhebliche Skaleneffekte, wodurch erhebliche Kosteneinsparungen verbucht werden können. Bei dieser Cloud Art hat der einzelne Cloud Anwender praktisch keine Kenntnisse darüber, welche IT Infrastruktur er mit anderen Cloud Anwendern teilt, die ebenfalls auf der gleichen Infrastruktur gespeichert und verarbeitet werden. Für den Vergleich dieser Cloud Art könnte man eventuell ein Produkt aus der Finanzbranche herbeiziehen. Ein gemischter Blue Chip Aktien-Fond wie man ihn aus der

Cloud Computing Finanzplatz Schweiz – Chancen und Risiken. Von Stefan Ruchti
www.fhnw.ch/wirtschaft

13

Finanzwelt kennt. Dessen Hauptmerkmal ist, dass viele Geldgeber in den gleichen Topf Zahlen. Durch die Summe der Einleger lässt sich eine höhere Summe investieren und damit bei Erfolg auch dementsprechend einen größeren Gewinn erwirtschaften. Die einzelnen Investoren kennen sich auch hier im Normalfall nicht untereinander. Bei einer Public Cloud ist ein wichtiger Vorteil, dass gerade Startup Firmen keine großen Investitionen in eine eigene Infrastruktur tätigen müssen, sondern lediglich die Möglichkeit besitzen eine hochskalierbare bestehende Infrastruktur oder einzelne Software anzumieten. Der vermehrte Einsatz von Public Clouds wird ziemlich sicher zu ganz neuen Chancen und globalen Marktansätzen und -entwicklungen führen.

2.2.3 Hybrid Cloud

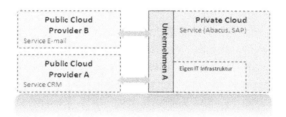

ABBILDUNG 6: HYBRIDE CLOUD, EIGENE DARSTELLUNG 2011.

Die Hybride Cloud ist eine Mischung aus Private und Public Cloud. Also aus eigener und dazu gemieteter Infrastruktur. Ein Unternehmen besitzt eine eigene hoch skalierbare, effektive IT Infrastruktur und benutzt noch zusätzliche Dienste von einem oder mehreren Public Cloud Anbieter. Der Ansatz hat seine Vorteile darin, dass man hoch sensible Daten, beispielsweise Finanzdaten im eigenen Rechenzentrum verarbeitet, dort „hostet" und dadurch die absolute Kontrolle über seine Daten behält. Anders bei nicht so geschäftskritischen Daten und Applikationen, kann man die IT Dienste des externen Cloud Anbieters (Providers) technologisch und organisatorisch in die Private Cloud integrieren. Der eigentliche Benutzer bemerkt nicht, ob er jetzt in der privaten oder in der Public Cloud arbeitet. Somit kann bei Ressourcen Engpässen (Rechenleistung, Speicherplatz) durch die Public Cloud automatisiert, in Spitzenzeiten hinzu oder weg skaliert werden.

Cloud Computing Finanzplatz Schweiz – Chancen und Risiken. Von Stefan Ruchti
www.fhnw.ch/wirtschaft

14

2.2.4 Community Cloud

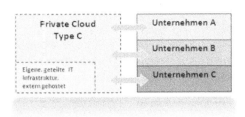

ABBILDUNG 7: COMMUNITY CLOUD, EIGENE DARSTELLUNG 2011.

Das National Institute of Standards Technology (NIST) definiert eine weitere Cloud Variante, die so genannte Community Cloud. In dieser Form geht es um Interessensgemeinschaften verschiedener Organisationen oder Unternehmungen mit dem Ziel Synergie- und Skaleneffekte auszunutzen. Die Mitglieder teilen sich eine gemeinsame private IT Infrastruktur, die sie an einem bestimmten Ort „hosten" und bei Bedarf auch extern betrieben werden kann. Die Organisationen würden sich demensprechend die Betriebskosten in einer gemeinsamen Cloud untereinander aufteilen. Diese Form könnte für wissenschaftliche Institutionen, Branchen, identische Firmen oder eventuell Bund und Kantone interessant sein. Nicht nur bei letzterem Vorschlag würde sich sehr wahrscheinlich ein erheblicher volkswirtschaftlicher Nutzen und ein verbesserter Wirkungsgrad des ganzen Systems, sondern auch ein Energienutzen etc. ergeben.

2.3 Cloud Service Architektur

Die Cloud Computing Architektur kann man als ein drei Layer Modell darstellen und verstehen. Dabei bildet der unterste Layer 1: Infrastruktur-as-a-Service die eigentliche Hardware gefolgt vom mittleren Layer 2: Plattform-as-a-Service und dem oberen Layer 3: Software-as-a-Service. Dieses Drei-Schichten-Modell ermöglicht neue IT Service Delivery „Pay as you go" Ansätze. [→ Abb./8 Cloud Service Architektur].

Cloud Computing Finanzplatz Schweiz – Chancen und Risiken. Von Stefan Ruchti
www.fhnw.ch/wirtschaft

15

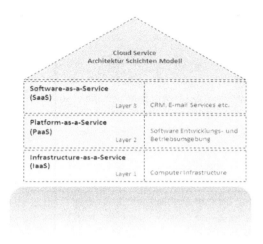

ABBILDUNG 8: CLOUD SERVICE ARCHITECTURE, EIGENE DARSTELLUNG 2011.

2.3.1 Infrastructure as a Service (IaaS)

Unter der Bezeichnung Infrastruktur as a Service geht es um die Bereitstellung von virtuellen Computerinfrastrukturen wie Rechenleistung oder Speicherplatz nach Abruf. Der Unterschied zum klassischen dedizierten Hosting liegt darin, dass die Infrastruktur in einer Multi-Tenant Architektur [→ vgl. Kapitel 2.1] bereitgestellt wird. Die angebotenen Leistungen können sehr einfach skaliert und bzw. nach Bedarf genutzt und abgerechnet werden. Diese unterste Schichte umfasst also die IT-Leistungen der Infrastruktur wie Hardware, Rechenkapazität, Speicherplatz und die Kommunikations-Verbindungen mit der darunter liegenden Netzinfrastruktur. Komplette IT Infrastruktur oder Teile davon wie Server, Storage, Router und Switches werden in dieser Schicht für Outsourcing Services bereitgestellt.

2.3.2 Platform as a Service (PaaS):

Auf dieser Ebene geht es um eine Weiterentwicklung von SaaS, um die Bereitstellung einer Middleware Framework, mit Software-Entwicklungskomponenten und eine Umgebung für System-Integratoren und Entwickler. Auf dieser Plattform können ein oder meistens mehrere Entwickler eine bestimmte Applikation erweitern oder eine ganz neue Applikation erschaffen.

Cloud Computing Finanzplatz Schweiz – Chancen und Risiken. Von Stefan Ruchti
www.fhnw.ch/wirtschaft

16

Beispiele für (PaaS) Angebote sind: force.com, Longjump, Dabble DB, Zoho Creator, Google App Engine, Apprenda SaaSGrid, Microsoft Azur.

Die Marktforscher von IDC haben zehn Unternehmen analysiert, die auf Force.com Geschäfts-Applikationen (custom applications) entwickelt haben und seit mindestens zwölf Monaten produktiv damit arbeiten. Die Unternehmen stammen aus den Vereinigten Staaten, Europa und Asien. Die zusammengefassten Ergebnisse→ Faster to market: Die auf Force.com erstellten Geschäftsanwendungen waren in einem Viertel der sonst üblichen Zeit entwickelt und einsatzbereit. Die durchschnittliche Entwicklungszeit verkürzte sich um 76 bis 85 Prozent. Lower cost: Die Unternehmen reduzierten ihre Total Cost of Ownership (TCO) über einen Zeitraum von drei Jahren um 54 Prozent und sparten etwa 560.000 US-Dollar pro Applikation. Higher Quality: Die Ausfallzeiten haben sich um 97 Prozent reduziert, außerdem wurde der Service Desk wesentlich seltener angefragt. Bessere Performance: Diese drei Vorteile verbesserten die Performance des gesamten Unternehmens und erhöhten den Jahresumsatz jedes Unternehmens um durchschnittlich 3,9 Millionen US-Dollar. [IDC White Paper: Force.com Cloud Plattform Drives Time to Market and Cost Savings, 2010].

2.3.2 Software as a Service (SaaS):

Software as a Service nennt man die Bereitstellung von Anwendungssoftware, als Service der übers Internet bezogen werden kann. Dies bedeutet, dass die Software nicht auf dem Rechner des Benutzers installiert ist, sondern via Webbrowser aufgerufen und eingesetzt wird. Bei der klassischen Art von SaaS handelt es sich nicht einfach um gemietete Software, denn auch die Daten werden beim SaaS-Anbieter gespeichert. Bei hybriden Cloud Lösungen besteht aber die Möglichkeit die Daten in einer Privat Cloud zu speichern, um beispielsweise bestimmter regulatorischer Vorschriften gerecht werden und die Compliance einhalten zu können. Der Cloud Provider bietet eine hohe Servicequalität zu geringeren Kosten an. Er baut seine Infrastruktur nach den mehrfachen Mandanten fähigen Architekturen versus In-house Lösungen auf und schafft damit starke Kostenargumente in die Public Cloud zu investieren. Der Kunde zahlt für diesen Service eine regelmäßige Abo gebühr die normalerweise nach Nutzung abgerechnet wird.

2.3.3 Anything-as-a-Service (XaaS)

Es gibt noch zahlreiche wichtige Dienste, die als Services angeboten werden können. In diesem Kontext spricht man von Anything-as-a-Service (XaaS) um nur Einige zu nennen:

Cloud Computing Finanzplatz Schwe z – Chancen und Risiken. Von Stefan Ruchti
www.fhnw.ch/wirtschaft

17

Security-as-a-Service (SecaaS) – umfasst alle Aspekte der Sicherheitsmanagement-autorisierung, die Authentifizierung, Schutz von Informationen, Objekten, Diensten und Ressourcen. Auch dieser Dienst wird vom Cloud Provider mittels einer Webschnittstelle über ein Netzwerk zur Verfügung gestellt. Dabei können die vorhandenen internen Sicherheitslösungen weiter benutzt werden.

Monitoring-as-a-Service (MaaS) - das Management und das Monitoring von Anwendungen, im Sinne von Incident- und Problemmanagement, Erfassung der Nutzungszeiten usw.

Desktop-as-a-Service (DaaS) - ein Cloud-Dienst der virtualisierte Desktops zur Verfügung stellt.

2.4 Der Cloud Markt: Marktimpulse, Investitionen und Cloud Allianzen 2011

Ein großer Indizierungspush betreffend Cloud Computing kommt hauptsächlich von den großen Marktplayern und Technologietreibern wie Salesforce, Amazon oder Google, welche schon lange die verschiedensten Software-as-a-Service (SaaS) Angebote in ihrem Sortiment führen und damit die Bedürfnisse des Endkunden nach mehr Flexibilität und Mobilität abdecken können. Man denke da nur an Email-dienste wie Webmail von Amazon oder ganze CRM Plattformen von Salesforce.

Um auf die große Nachfrage nach größeren Reduktionsmöglichkeiten der Kosten und Effizienzsteigerung zu reagieren, haben auch die großen IT Hersteller und Softwarehäuser wie IBM, HP oder Microsoft etc. ihre Strategien sehr stark auf den Fokus der flexiblen Bereitstellung von IT Hardware und Software ausgelegt. Letztlich sicher nicht nur deshalb, weil sie um die Rückgänge im Softwarelizenzen- und klassischen Outsourcing Markt fürchten sondern auch, da diese die Tendenzen und Entwicklungen des Marktes bestens kennen und diesen aufgrund ihrer Marktgröße dominieren können. Große Investitionen in Cloud Computing zeigen, dass es sich hier schon lange nicht mehr nur um einen „Hype" handelt sondern, dass damit die Ausnutzung von hochmodernen Netzwerktechnologien und der damit geschaffenen neuen „Digitalen Marktplätzen" angestrebt wird, die sowohl auf der Seite des Anbieters, als auch auf der Seite des Nutzers das Potenzial zu einer geschäftlichen hohen Innovationen hat.

Die großen Markplayer der IT Brache tätigen Investitionen in Milliardenhöhe, in neue oder erweiterte Data Center Infrastrukturen. Microsoft zum Beispiel fährt seine Dynamic Data Center der 4.0 Generationen hoch und plant weitere Erweiterungen auf der ganzen Welt. Kosten ca. 550 Millionen US$ pro Rechenzentrum in der Größenordnung von   7

Cloud Computing Finanzplatz Schweiz – Chancen und Risiken. Von Stefan Ruchti
www.fhnw.ch/wirtschaft

18

Fußballfeldern. Diese gigantischen Infrastrukturen setzen sich aus vorgefertigten, so genannten IT-PAC-Containern, die neben der IT-Infrastruktur auch alle mechanischen und elektrischen Einrichtungen wie die Klimaanlage enthalten, zusammen. Diese Container können jeweils bis zu 2'500 Bladeserver enthalten. Die Größe dieser neuen Data Centers übersteigen die Kapazitäten von traditionellen Centren um das 10 fache und sind somit für die moderne Cloud Power bereit. Große Firmen wie Orange, CISCO, EMC und VMware schließen sich zu Forschungs- und Entwicklungsgemeinschaften zusammen, um gemeinsam das Optimum herauszuholen.

Auch Banken und Schweizer Forschungsinstitute investieren und beteiligen sich an der Cloud Forschung, zum Beispiel die UBS, CERN und Swisscom sind Mitglieder der von Intel gegründeten Allianz: Open Data Center. Diese soll den Plan für mehr Kompatibilität, Flexibilität und Industrie-Standards bei Cloud Computing und künftigen Rechenzentren übernehmen. Die Allianz und deren zurzeit 70 Mitgliedschaften sind primär auf Anwender konzentriert und investieren zusammen jährlich 50 Milliarden Dollar und sollen aktuelle Cloud Forschung und Cloud Projekte umsetzen. [→ http://www.opendatacenteralliance.org].

Es stellt sich also nicht die Frage ob man in Cloud investieren soll, sondern wie und zu welchem Zeitpunkt? Das Marktforschungs- und Beratungsunternehmen Gartner empfiehlt, die neue Technologie für kritische Projekte bis 2011 nicht in Betracht zu ziehen. Bis spätestens zum Jahr 2015 schließlich soll Cloud Computing zum Massenprodukt und zur bevorzugten Lösung für viele ICT-Entwicklungsprojekte werden.

Cloud Computing Finanzplatz Schweiz – Chancen und Risiken. Von Stefan Ruchti
www.fhnw.ch/wirtschaft

19

3. Struktur und Bedeutung - Finanzmarkt Schweiz

Dieses Kapitel gibt eine Übersicht über das Forschungsumfeld und die Strukturen des Finanzplatzes Schweiz wieder und verdeutlicht aus welchen Bestandteilen er sich organsiert, zusammensetzt und mit welchen Gesetzen, Vorschriften und sonstigen regulatorischen Maßnahmen er gesteuert und kontrolliert wird. Dies soll zu einem besseren Verständnis führen, um die Anforderungen des Business an die IT Services und die damit verbundenen Anforderungen an die IT Compliance verstehen zu können.

Der Finanzplatz Schweiz hat einen internationalen Stellenwert, angeführt von den Banken und gehört in vielen Bereichen zu den Weltmarktführern. Er trägt einen wesentlichen Teil zum Wohlstand der Schweiz bei. Mit einer Bruttowertschöpfung von CHF 59,1 Mrd. macht er 11 % der gesamten Wertschöpfung der Schweiz aus. Die Produktivität pro Erwerbstätiger ist mit CHF 295'000 fast doppelt so hoch, wie der schweizerische Durchschnitt. Der Finanzmarkt Schweiz offeriert 199'900 (Beschäftigte Inland) qualifizierte Stellen mit überdurchschnittlichen Löhnen. Zudem beteiligt er sich als Steuerzahler mit 14-18 Mrd. zu einem beträchtlichen Teil an der Finanzierung der öffentlichen Hände.

Bruttowertschöpfung (BWS) des Finanzsektors (2009)	Absolut (in Mrd. CHF)	Anteil an der Wertschöpfung
Total Wertschöpfung Bankensektor	35,9	6,7%
Retail Banking	13,2	2,5%
Wealth Management	15,7	2,9%
Asset Management	4,1	0,8%
Investment Management	2,9	0,5%
Total Wertschöpfung Versicherungssektor	23,2	4,3%
Total Wertschöpfung Bankensektor	59,1	11,0%

Quellen: Berechnung SBVg. Staatssekretariat für Wirtschaft SECO

ABBILDUNG 9: BRUTTOWERTSCHÖPFUNG FINANZSEKTOR 2009, SECO

Cloud Computing Finanzplatz Schweiz – Chancen und Risiken. Von Stefan Ruchti
www.fhnw.ch/wirtschaft

20

[→ Abb./9] Bruttowertschöpfung Finanzsektor 2009: Weißt die Wertschöpfung der einzelnen Sektoren, angeführt vom Bankensektor mit 6,7 % und dem Versicherungssektor mit totalen 4,3 % Anteile an der Totalwertschöpfung von 23,2 Mrd. CHF aus.

3.1 Marktregulierung und Compliance

Bei der Regulierung des Finanzmarkts der Schweiz unterscheidet man zwischen der freien, autonomen Selbstregulierung und der obligatorischen Selbstregulierung der Marktteilnehmer. Die freie oder autonome Selbstregulierung ist rein privatautonom und entsteht grundsätzlich ohne Mitwirkung des Staates (z.B. Verhaltensregeln von Berufsverbänden wie SVBs). Die schweizerische Finanzmarktaufsichtbehörde (FINMA) kann nach Art. 7 Abs. 3 des Finanzmarktaufsichtgesetztes diese „Verhaltensregeln" zu Verbindlichkeiten als „Selbstregulierung Mindeststandard" für alle Marktteilnehmer machen.

Die obligatorische Selbstregulierung beruht auf dem Auftrag des Gesetzgebers an die Marktteilnehmer im Kredit- und Versicherungsgewerbe. Dies wird streng von der Schweizerischen Finanzaufsichtsbehörde (FINMA) überwacht und durchgesetzt. Grundlage der Aufsichtstätigkeit der FINMA ist Art. 98 der Bundesverfassung.

Art. 98 Banken und Versicherungen

1 Der Bund erlässt Vorschriften über das Banken- und Börsenwesen; er trägt dabei der besonderen Aufgabe und Stellung der Kantonalbanken Rechnung.

2 Er kann Vorschriften erlassen über Finanzdienstleistungen in anderen Bereichen.

3 Er erlässt Vorschriften über das Privatversicherungswesen.

ABBILDUNG 10: ART. 98 BUNDESVERFASSUNG DER SCHWEIZERISCHEN EIDGENOSSENSCHAFT VOM 18. APRIL 1999

Die wichtigsten Vorgaben und Ausführungsbestimmungen finden sich in den Gesetzen und Verordnungen des Bundes, aufgeteilt nach einzelnen Bereichen (Banken, Versicherungen, Börsen und Märkte, Kollektive Kapitalanlagen, Übrige Finanzintermediäre, Pfandbriefe).

3.1.1 Expertenkommission "Too big to fail"

Die vom Bundesrat eingesetzte Expertenkommission unterbreitet ein Maßnahmenpaket zur Begrenzung der „Too big to fail"-Risiken systemrelevanter Banken für die schweizerische Volkswirtschaft. Im Zentrum der Empfehlungen stehen verschärfte Eigenmittelanforderungen flankiert durch neue Kapitalinstrumente und organisatorische Maßnahmen, die auch im

Cloud Computing Finanzplatz Schweiz – Chancen und Risiken. Von Stefan Ruchti
www.fhnw.ch/wirtschaft

21

Krisenfall unverzichtbare Dienstleistungen sicherstellen. Ergänzt werden diese Maßnahmen durch strengere Liquiditätsvorschriften, sowie der Begrenzung der Verflechtungen und Klumpenrisiken im Finanzsektor [→Lit./15].

3.1.2 Basel III

Der Begriff Basel III bezeichnet ein geplantes ergänzendes Regelwerk des Basler Ausschusses an der Bank für internationalen Zahlungsausgleich (BIZ) in Basel (CH) zu bereits bestehenden.

Eigenkapitalregeln für Finanzinstitute. Dieses Regelwerk basiert einerseits auf den Erfahrungen mit dem Abkommen Basel II aus dem Jahre 2007 und andererseits auf den Erkenntnissen und Erfahrungen aus der weltweiten Finanz- bzw. Wirtschaftskrise. Ab 2007. gliedert sich Basel III in zwei Ebenen:

In eine Mikroökonomische Ebene, diese beinhaltet eine neue Definition von Eigenkapital und die Liquidity Coverage Ratio (30 Tage Liquidität), sowie die Net Stable Funding Ratio (ab 20 Tagen Liquidität) neu definiert.

In der Makroökonomischen Ebene findet wir die Capital conservation buffer (die Eigenmittel Zuschläge Risiko Kat. 1 – 5), die Countercyclical buffer und weitere (Eigenmittel Zuschläge), nebst den CoCo Bonds, die Möglichkeit Anleihen in Aktien Umzuwandeln, sowie zuletzt der Leverage ratio. [→Lit./24]

Auf folgender Seite 23 [→Abb./11] zeigt eine grobe Darstellung des Finanzplatzes Schweiz welchen nationalen- und internationalen reglementierten Empfehlungen, Vorschriften und Gesetzen er unterworfen ist.

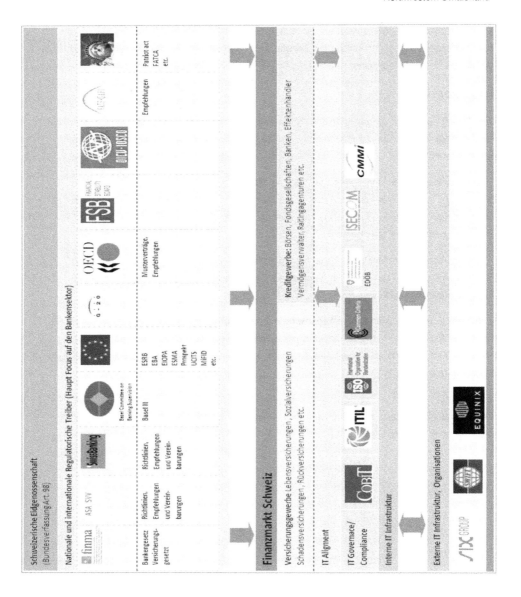

ABBILDUNG 11: ÜBERSICHT FINANZPLATZ SCHWEIZ, EIGENE DARSTELLUNG 2011.

Cloud Computing Finanzplatz Schweiz – Chancen und Risiken. Von Stefan Ruchti
www.fhnw.ch/wirtschaft

23

3.2 Das Kreditgewerbe

Seit der Gründung der ersten Bank 1856,- der Schweizerischen Kreditanstalt mit dem Zweck der Finanzierung der Eisenbahngesellschaften-, hat sich bis 2010 der schweizerische Bankensektor per Ende 2009 inklusive der zwei Großbanken auf 325 Banken, 3133 Filialen und 5'409 Bankautomaten erhöht. Zudem verfügen die Banken in der Schweiz über 271 Filialen im Ausland.

	Anzahl Banken	Bilanzsumme in Mrd. CHF
Großbanken	2	1'445
Kantonalbanken	24	404
Auslandbanken	156	352
Raiffeisenbanken	1	139
Vermögensverwaltungsbanken	49	138
Regionalbanken und Sparkassen	70	92
Privatbanken	14	39
Andere Banken	9	59
Total	325	2'668

ABBILDUNG 12: ANZAHL BANKEN UND BILANZSUMME, QUELLE: SCHWEIZERISCHE NATIONALBANK ONLINE 2011

Das größte Kerngeschäft der Banken ist die Vermögensverwaltung. Man unterscheidet zwischen „Banken in der Schweiz" und „Schweizer Banken". Die Bezeichnung Schweizer Banken beinhaltet auch die Tochtergesellschaften im Ausland und umfasst somit eine breitere Grundlage. Die Schweizer Banken gehören in der Vermögensverwaltung zur Weltspitze. Im Ranking der weltweit größten Vermögensverwalter stehen drei Schweizer Banken unter den Top-Ten. In der Schweiz wird, Stand [2]2009 Schweizerische Bankiervereinigung, ein Wert von rund CHF 5'600 Milliarden Vermögen verwaltet. Im internationalen Vermögensverwaltungsgeschäft ist die Schweiz mit einem Marktanteil von 27% Weltmarktführer. [The Boston Consulting Group „Global Wealth 2010"]

---

[2] Die Schweizerische Bankiervereinigung (SBVg) ist der Spitzenverband des Schweizer Finanzplatzes wurde 1912 in Basel gegründet. Sie vertritt die Interessen der Banken gegenüber Behörden in der Schweiz und im Ausland. (quelle:www.finma.ch).

Cloud Computing Finanzplatz Schweiz – Chancen und Risiken. Von Stefan Ruchti
www.fhnw.ch/wirtschaft

24

3.2.1 Gesetze und Verordnungen der Banken

Die wichtigsten Vorgaben und Ausführungsbestimmungen für den Bankensektor finden sich in den Gesetzen und Verordnungen des Bundes. Oder in Beiträgen von Ausschüssen wie dem Basler Ausschuss für Bankenaufsicht [3]Basel Committee on Banking Supervision. Beispiele von Rechtsverbindlichkeiten sind: Bundesgesetz vom 8. November 1934 über die Banken und Sparkassen (Bankengesetz, BankG). Verordnung vom 29. September 2006 über die Eigenmittel und Risikoverteilung für Banken und Effektenhändler (Eigenmittelverordnung, ERV). Verordnung der Eidgenössischen Finanzmarktaufsicht vom 21. Oktober 1996 über die ausländischen Banken in der Schweiz (Auslandbankenverordnung-FINMA, ABV-FINMA). Die Anforderungen an die IT Compliance werden von diesen und zusätzlichen internationalen Gesetzen und Normen abgeleitet.

3.2.2 Das Bankengeheimnis

In der Schweiz ist die finanzielle Privatsphäre der Bürgerinnen und Bürger durch das Bankengeheimnis vor unberechtigten Einblicken geschützt. Bedeutende Finanzmärkte wie die Schweiz sind der Gefahr des Missbrauchs für kriminelle Zwecke ausgesetzt und bedürfen deshalb einer qualitativ hochwertigen Regulierung und Aufsicht.

Die „Steueroase" Schweiz steht international am Pranger. Im Frühling 2009 setzte die OECD die Schweiz auf eine «graue Liste», weil sie zu wenig gegen Steuerbetrug unternehme. Der deutsche Finanzminister Peer Steinbrück warf dem Land gar vor, es unterstütze Steuerbetrug vorsätzlich. Gleichzeitig machten die US-Steuerbehörden auf dem Rechtsweg Druck. Mit zwölf Ländern musste die Schweiz danach neue Doppelbesteuerungsabkommen aushandeln. Dafür wurde sie von der «grauen Liste» der OECD gestrichen – und ist nun offiziell kein «Steuerparadies» mehr. Der Rechtsstreit mit den USA endete dank einem Staatsvertrag, der Amtshilfe auch bei Steuerhinterziehung möglich macht.

Doch die Schweiz ist nicht aus dem Schussfeld: Italien ging mit Fluchtgeldamnestie und Razzien bei Schweizer Bankfilialen gegen einheimische Steuersünder vor. Frankreich drohte der Schweiz mit dem Eintrag auf eine «Schwarze Liste», weil sie sich im Kampf gegen Steuerflüchtlinge zu wenig kooperativ zeigte. Und am 1. Februar 2010 legte die deutsche Bundesregierung nach und beschloss, aus Schweizer Banken gestohlene Steuerdaten zu

---

[3] Der Basler Ausschuss für Bankenaufsicht (Basel Committee on Banking Supervision), gegründet 1974 von den Zentralbanken und Bankenaufsichtsbehörden.

Cloud Computing Finanzplatz Schweiz – Chancen und Risiken. Von Stefan Ruchti
www.fhnw.ch/wirtschaft

25

kaufen. Immerhin, im Streit mit Deutschland beruhigt sich die Lage: In der Frage des Steuerbetrugs konnten sich die beiden Ländern auf eine Grundsatzvereinbarung einigen.

Auf internationaler Ebene beteiligt sich die Schweiz an vorderster Front an der Bekämpfung der grenzüberschreitenden Finanzkriminalität. Bei der Sicherstellung der Integrität orientiert sie sich an den international anerkannten Standards. Mit der Übernahme des Art. 26 des OECD-Musterabkommens zur internationalen Amtshilfe in Steuerfragen in den bilateralen Doppelbesteuerungsabkommen, wird die Schweiz im Einzelfall (und auf konkrete Anfrage), mit anderen Ländern Informationen für steuerliche Zwecke austauschen. Die Schweiz ist dazu bereit die bestehende grenzüberschreitende Zusammenarbeit im Rahmen bilateraler Verhandlungen weiter auszubauen. Sie prüft Maßnahmen, um die Steuerehrlichkeit von Bankkunden zu fördern (z. B. Einführung der Selbstdeklaration). [→Lit./25]. Das Bankengeheimnis beruht auf dem im Artikel 47. Bundesgesetz vom 8. November 1934 über die Banken und Sparkassen (⁴Bankengesetz, BankG Stand am 1. Januar 2010) festgelegtem Recht.

> **Art. 47**[132]
>
> [1] Mit Freiheitsstrafe bis zu drei Jahren oder Geldstrafe wird bestraft, wer vorsätzlich:
>
> a. ein Geheimnis offenbart, das ihm in seiner Eigenschaft als Organ, Angestellter, Beauftragter oder Liquidator einer Bank, als Organ oder Angestellter einer Prüfgesellschaft anvertraut worden ist oder das er in dieser Eigenschaft wahrgenommen hat;
>
> b. zu einer solchen Verletzung des Berufsgeheimnisses zu verleiten sucht.
>
> [2] Wer fahrlässig handelt, wird mit Busse bis zu 250 000 Franken bestraft.

ABBILDUNG 13: BANKGEHEIMNIS ART. 4, QUELLE: BANKENGESETZT, BANKG STAND 1.JAN. 2016

3.3 Das Versicherungsgewerbe

Die totale Wertschöpfung des Versicherungsmarktes mit 23,2 Mrd. CHF (4,3 % gemessen an der Gesamtbruttowertschöpfung der Schweiz), ist ebenso wie die Banken ein sehr wichtiger Wirtschaftssektor der Schweiz.

---

⁴ Bankengesetz, 2011. [Online] http://www.admin.ch/ch/d/sr/9/952.0.de.pdf

Cloud Computing Finanzplatz Schweiz – Chancen und Risiken. Von Stefan Ruchti
www.fhnw.ch/wirtschaft

26

	In der Schweiz ansässige Versicherungsunternehmen	Niederlassungen ausländischer Versicherungsunternehmen	Total
Schadensversicherungen	79	43	122
Lebensversicherungen	22	4	26
Rückversicherungen	28		28
Captives	42		42
Total	171	47	218

ABBILDUNG 14: EIGENE DARSTELLUNG ANGELEHNT AN TABELLE VON EIDGENÖSSISCHE
FINANZMARKTAUFSICHT FINMA, 2011

In der Schweiz sind insgesamt 218 Versicherungsunternehmen konzessioniert. Davon sind 122 Unternehmen im Schaden-, 26 im Lebens- und 28 im Rückversicherungsgeschäft tätig. 42 Unternehmen sind [5]Captives.

3.3.1 Gesetzte und Verordnungen der Versicherungsgewerbe

Die wichtigsten Vorgaben und Ausführungsbestimmungen für den Versicherungssektor sind in den Gesetzen und Verordnungen des Bundes definiert. Beispiele sind: Bundesgesetz vom 17. Dezember 2004 betreffend die Aufsicht über Versicherungsunternehmen (Versicherungsaufsichtsgesetz, VAG). Verordnung vom 9. November 2005 über die Beaufsichtigung von privaten Versicherungsunternehmen (Aufsichtsverordnung, AVO). Verordnung der Eidgenössischen Finanzmarktaufsicht vom 9. November 2005 über die Beaufsichtigung von privaten Versicherungsunternehmen (Versicherungsaufsichts-Verordnung - FINMA, AVO-FINMA).

Außerdem ist der Versicherungssektor ebenso wie der Bankensektor ähnlichen internationalen Vereinbarungen und reglementierten Maßnahmen unterworfen. Beispiel Solvency II bei diesem Projekt der EU-Kommission finden sich Ähnlichkeiten zu Basel III. Es geht im Wesentlichen um die Eigenmittelausstattung von Versicherungsunternehmen. Hiermit grenze ich bewusst noch weitere Einzelheiten des Versicherungsmarktes aus, denn dies würde den Rahmen dieser Arbeit sprengen.

---

[5] Ein Eigenversicherer oder Eigenversicherungsunternehmen (englisch Captive Insurance Company oder auch kurz Captive) ist ein firmeneigenes Versicherungsunternehmen, das dem Mutterunternehmen zur Absicherung firmeneigener Versicherungsrisiken dient.

Cloud Computing Finanzplatz Schweiz – Chancen und Risiken. Von Stefan Ruchti
www.fhnw.ch/wirtschaft

27

3.4 Einige wichtige Marktteilnehmer

3.4.1 Die Six Group

„Die Six Group ist ein im Jahre 2008 unter neuem Namen entstandener Zusammenschluss von Telekurs Group und SIS Group. SIX Group betreibt eine nicht weg zu denkende, wettbewerbsfähige Infrastruktur für den Schweizer Finanzplatz und einen wachsenden internationalen Kundenkreis. Ihre Geschäftsfelder umfassen den Wertschriftenhandel (frühere SWX Group), die Wertschriftendienstleistungen (frühere SIS Group), Finanzinformationen und den Zahlungsverkehr (frühere Telekurs Group). Dazu gehören der Betrieb , die Regulierung und Überwachung des elektronischen Börsenhandels, die Berechnungen von Indizes , die dem Wertschriftenhandel nachgelagerte Abwicklung und Verwahrung, den Vertrieb von Referenz- und Marktdaten, die Verarbeitungsprozesse um die Herausgabe und Akzeptanz von Kredit-, Debit- und Wertkarten, die Abwicklung von bargeldlosen Zahlungen und elektronischen Rechnungen, sowie den Interbankzahlungsverkehr in Schweizer Franken und Euro. SIX Group befindet sich im Besitz von rund 150 in- und ausländischen Banken und damit ihrer Kunden. Die Gruppe untersteht der konsolidierten Aufsicht der Eidgenössischen Finanzmarktaufsicht (FINMA). Teile der durch sie betriebenen IT-Anwendungen werden wegen ihrer Systemrelevanz durch die Schweizerische Nationalbank (SNB) überwacht." [→Lit./26].

3.4.2 Bank für Internationalen Zahlungsausgleich (BIZ)

Die Bank für Internationalen Zahlungsausgleich (engl. Bank for International Settlements) ist eine internationale Organisation auf dem Gebiet des Finanzwesens. Sie verwaltet Teile der

internationalen Währungsreserven und gilt damit quasi als Bank der Zentralbanken der Welt. Sitz der BIZ ist Basel. Die BIZ ist eine internationale Organisation und mit eigenem Rechtsstatus einer spezialrechtlichen Aktiengesellschaft organisiert. Obwohl es sich formal um eine schweizerische Aktiengesellschaft handelt, gilt die BIZ nach dem Haager Vertrag als eine internationale Organisation und ist damit dem Völkerrecht unterworfen. Aktionäre sind Zentralbanken; trotz der neuen Statuten existieren immer noch einige Privataktionäre. Oberstes Organ der BIZ ist die einmal im Jahr stattfindende Generalversammlung. Die Geschäftsführung obliegt dem Verwaltungsrat. Diesem gehören nach der Satzung der BIZ ex officio die Präsidenten der Zentralbanken der Gründungsmitglieder

ABBILDUNG 15: BANK FÜR INTERNATIONALEN ZAHLUNGSVERKEHR, HAUPTSITZ BASEL, ONLINE WIKIPEDIA 2011.
https://de.wikipedia.org/wiki/Bank_f%C3%BCr_Internationalen_Zahlungsausgleich

Cloud Computing Finanzplatz Schweiz – Chancen und Risiken. Von Stefan Ruchti
www.fhnw.ch/wirtschaft

28

Belgien, Frankreich, Deutschland, Italien, Großbritannien sowie der Vorsitzende des Board of Governors der amerikanischen Notenbank an. Bis zu neun weitere Präsidenten anderer Zentralbanken können in den Verwaltungsrat gewählt werden.

Die Aufgaben der BIZ sind: Treuhänderfunktionen im internationalen Zahlungsverkehr, Koordination und Bewältigung von Problemen der Geld- und Währungspolitik, Zusammenarbeit von Notenbanken und die Förderung der Stabilität des internationalen Finanzsystems. Sitz der Bankenaufsicht im Bereich der Kreditinstitute des Basler Ausschusses für Bankenaufsicht der 1974 ins Leben gerufen worden ist, ist als Reaktion auf eine Reihe von Bankenpleiten zu verstehen [→Lit./27].

3.4.3 Der Basler Ausschuss für Bankenaufsicht

Der Basler Ausschuss für Bankenaufsicht (Basel Committee on Banking Supervision); wurde 1974 von den Zentralbanken und Bankaufsichtsbehörden der G10-Staaten gegründet. Er hat seinen Sitz an der Bank für Internationalen Zahlungsausgleich BIZ in Basel (CH).

Mitglieder: G10-Staaten, Argentinien, Korea, Australien, Luxemburg, Mexiko, Brasilien, Russland, China, Saudi Arabien, Singapur, Südafrika, Hongkong, Spanien, Indien, Indonesien, Türkei.

Aufgaben und Ziele sind: Zusammenstellung eines Forums für regelmäßige Kooperation zwischen den Mitgliedern. Dies trägt zur Verbesserung der Qualität und des Verständnisses von Bankenaufsichten weltweit, durch Informationsaustausch, Verbesserung der Aufsichtstechniken und Empfehlungen aufsichtsrechtlicher Mindeststandards bei. Auf diese Weise trägt der Basler Ausschuss zur Stärkung des internationalen Bankensystems bei. Er schließt vorhandene Lücken im internationalen Bankenaufsichtssytem. Ein aktuelles Beispiel ist aus den Erkenntnissen und Erfahrungen der weltweiten Finanz- und Wirtschaftskrise ab 2007 neu geplantes ergänzendes Regelwerk Basel III. [→vgl. Kapitel 3.1.2]

3.4.4 Die Society for Worldwide Interbank Financial Telecommunication (SWIFT)

Die SWIFT ist eine wichtige internationale Genossenschaft der Geldinstitute, die ein Telekommunikationsnetz für den Nachrichtenaustausch zwischen den Mitgliedern betreibt. SWIFT leitet Transaktionen zwischen Banken, Brokerhäuser, Börsen und anderen Finanzinstituten weiter und wickelt Nachrichtenverkehr von über 8000 Geldinstituten in mehr als 200 Ländern ab. Der Hauptsitz befindet sich in La Hulpe, Belgien. In Zürich befindet sich

Cloud Computing Finanzplatz Schweiz – Chancen und Risiken. Von Stefan Ruchti
www.fhnw.ch/wirtschaft

29

seit 2009 in gemieteter Liegenschaft ein Operating Center (OPC). Da die Räume nur gemietet sind, baut SWIFT ein eigenes OPC in Diessenhofen Schweiz. Inbetriebnahme 2013.

SWIFT standardisiert den Nachrichtenverkehr der Finanzinstitute untereinander. Es werden durchschnittlich 15 Millionen SWIFT-Nachrichten pro Tag ausgetauscht und hunderte von Message-Typen (MT) für den Datenaustausch definiert. Diese werden dann in den nächsten Jahren von dem XML-Format abgelöst. SWIFT ist durch den weltweit bekannten SWIFT-Bank Identifier Code (SWIFT-BIC) Standard bekannt. Es handelt sich um einen nach ISO 9362 international standardisierten Code, mit dem weltweit jeder direkt oder indirekt teilnehmende Partner eindeutig identifiziert werden kann. Er findet weltweit Verwendung bei Kreditinstituten, Brokern, Lagerstellen und Unternehmen.

Nach dem 11. September kam die SWIFT in den Focus der Weltpresse. Die SWIFT übermittelte nach Aufforderung freiwillig, vertrauliche Bankdaten an die US-amerikanische Regierung über CIA, FBI, Finanzministerium und US-Notenbank und dies im Namen des „Terrorist Finance Tracking Program" der United States um Unterstützungsgelder des Terrorismus aufzudecken. In der New York Times, welche die Vorgänge aufdeckte, wurde angezweifelt, dass die Vorgehensweise legal war. So sieht etwa das zivilgesellschaftliche Netzwerk „Aktion Finanzplatz Schweiz" in der Weitergabe der Daten einen Verstoß gegen das Bankgeheimnis. Die Bush-Regierung rechtfertigte das Vorgehen mit dem Krieg gegen den Terror [→Lit./28].

Cloud Computing Finanzplatz Schweiz – Chancen und Risiken. Von Stefan Ruchti
www.fhnw.ch/wirtschaft

30

4. Chancen und Risiken von Cloud Computing

Die Folgenden Kapitel gehen explizit auf die Chancen und Risiken von Cloud Computing ein. [→Kapitel 4.1] behandelt die Vorteile von Cloud Computing und welche Chancen sich für den Finanzplatz ergeben könnten. [→Kapitel 4.2] behandelt im Detail die verschiedenen Risiken von Cloud Computing, ferner werden auch die nicht Cloud Spezifischen Risiken berücksichtigt und aufgeführt. In [→Kapitel 4.3] finden Sie eine Auflistung der neuen und bekannten Sicherheitsrelevanten Schwachstellen die in einer Organisation, betreffend Cloud Computing bestehen oder entstehen können. Abschließend zeigt [→Kapitel 4.4] eine Liste der Vermögenswerte bestimmte Risiken auf, die einen wahrscheinlichen Impact haben können.

4.1 Chancen von Cloud Computing

Cloud Computing bietet versus den konventionellen Delivery Modellen (SaaS, ASP, Grid, Client Sever Modelle etc.) erhebliche Chancen für den Cloud Anwender und IT Dienstleister. Virtualisierungstechnologien, SOA sind nichts Neues. Bei Cloud Computing werden effizient eingesetzte, virtualisierte Ressourcen zusätzlich mit einer Vielzahl anderer Benutzer über das Internet geteilt, was zu einer enormen Industrialisierung von Services führt. Die eigentlichen Vorteile von Cloud Computing liegen in der intelligenten Ausnutzung von Skaleneffekten durch gemeinsame Ressourcenbenutzung. Durch einen hohen Virtualiserungsgrad der Systeme erreicht man bei Cloud Computing eine bessere Gesamteffizienz des Gesamtsystems. Mit dem Ziel der optimalen Auslastung und einer hohen Skalierbarkeit der gesamten Infrastruktur, sind weitere Vorteile durch die flexible Bereitstellung von IT Services übers Internet anzubieten. Dies führt bei Cloud Anwendern nicht nur zur Reduktion von Investitionskosten, sondern senkt auch die Betriebs- und Unterhaltskosten erheblich. Bei Cloud Computing Services (IaaS) und (SaaS) sind erhebliche Einsparungen im Bereich der Wartungs-, Upgrade- und Energiekosten etc. machbar. Bei der Auslagerung der Software Entwicklung in die Cloud (PaaS) entstehen schnellere Time to Market und Rollout-Zyklen, was ein weiteres Einsparpotenzial der Kosten bedeutet. Im Gesamten werden individuelle Einsparungspotenziale von bis zu 25-30% versprochen.

Bei einer Prüfung der Einsatzmöglichkeit von Cloud Computing in einem Finanzunternehmen spielen Kosten, die technische Umsetzbarkeit und hohe Sicherheitsanforderungen eine wichtige Rolle. Der Betrieb von Finanzunternehmungen unterliegt verschiedenen organisatorischen und regulativen Vorgaben. So werden beispielsweise Stapelverarbeitungen und Datensicherungen primär nachts durchgeführt. Vor der Öffnung

Cloud Computing Finanzplatz Schweiz – Chancen und Risiken. Von Stefan Ruchti
www.fhnw.ch/wirtschaft

31

einer Filiale melden sich alle Mitarbeiter nahezu gleichzeitig im System an. Weiterhin existieren spezifische Abläufe, die hauptsächlich zum Monats- bzw. Jahresende erforderlich sind. Beim Online Banking sind täglich zwei Lastenspitzen am Morgen und in der Mittagspause abzudecken.

Gemäß diesem Beispiel, kann auf die unterschiedlichen Spitzenzeiten und Nutzungsverhalten der Anwender mit dem Cloud Computing flexibler und wirtschaftlicher reagiert werden. Da die unterschiedlichen Liefermodelle von der Private- bis zur Public Cloud, unterschiedlich hohe Risiken bezüglich der Informationssicherheit mit sich bringen, würden vermutlich viele Finanzinstitute mit einer Private Cloud starten und nur wenige unkritische Prozesse in eine Public Cloud auslagern [→vgl. Umfrage/21]. Mit steigendem Vertrauen der Finanzinstitute auf der einen Seite und mehr Prozesstransparenz und etablierte Standards auf der Cloud Anbieterseite, wäre zu einem späteren Zeitpunkt eine wahrscheinliche Auslagerung von bestimmten Prozessen oder ganzen Anwendungen in eine Public Cloud denkbar.

Was unterscheidet Cloud Computing von klassischem IT-Outsourcing? Die Nutzung von Cloud Services gleicht in Vielem dem klassischen Outsourcing, aber es kommen noch einige Unterschiede hinzu, in denen neue Chancen auszumachen sind: Cloud Services sind dynamisch und innerhalb viel kürzerer Zeiträume nach oben und unten skalierbar. So können Cloud-basierte Angebote rascher an den tatsächlichen Bedarf angepasst werden. Die Steuerung der Cloud Dienste können mittels einer Webschnittstelle durch den Cloud Kunden automatisiert, seinen Bedürfnissen zugeschnitten werden. Durch Nutzung bestimmter Techniken ist es möglich IT Leistungen dynamisch über mehrere Standorte (In- und Ausland), zu verteilen. Die Teilung von Ressourcen einer gemeinsamen Cloud Infrastruktur durch mehrere Cloud Kunden birgt erhebliche wirtschaftliche Vorteile. Die Vorteile von Cloud Computing sind eine klare Steigerung der Flexibilität, Verfügbarkeit, Effizienz, Effektivität, Mobilität, Sicherheit und Kosteneinsparungspotenzale. Diese Vorteile sind unbedingt differenziert, je nach eingesetzter Cloud Service Architektur: (SaaS, IaaS, PaaS) und Cloud Typ: (Privat, Public, Hybride) zu betrachten.

Cloud Computing Finanzplatz Schweiz – Chancen und Risiken. Von Stefan Ruchti
www.fhnw.ch/wirtschaft

32

Die folgende Grafik zeigt eine Übersicht über die verschiedenen Chancen von Cloud Computing die in dieser Arbeit anschließend behandelt werden.

Chancen von Cloud Computing

Flexibilität (F)

F.1 Rapid elasticity
F.2 Skalierbarkeit

Verfügbarkeit (V)

V.1 Broad network access
V.2 Redundanzen
V.3 On Demand self-service

Effektivität, Effizienz (E)

E.1 Skaleneffekten
E.2 Service basierend
E.3 Schnellere Implementierung (Time to Market)
E.4 Patch Management
E.5 Standard-, Industrialisierung und Nachhaltigkeit

Sicherheit (S)

S.1 Skaleneffekte von Security
S.2 Sicherheit als Markt Differenzierung
S.3 Kontrolle und Beweis Erhebung

Kosten Nutzen(C)

C.1 Nutzenabhängige Verrechnung
C.2 Wartung und Support Kostenreduktion
C.3 Energiekosten Reduktion
C.4 Lieferanten Economics
C.5 Measured Services
C.6 Veränderung von Humankapital
C.7 Reduktion von Investitionskosten

ABBILDUNG 16: CHANCEN VON CLOUD COMPUTING, EIGENE ABBILDUNG.

Folgende Tabelle soll die Chancensteigerung der eizelnen Vorteile von Cloud Computing in Bezug zu traditionellen IT Konzepten darstellen. Zu Beachten ist, dass die Bewertung in dieser Tabelle nur als grober Richtwert dienen soll, denn je nach Delivery Mix der verschiedenen Cloud Computing Architekturen und Typen, sowie der IST Aufnahme der bestehenden IT Infrastruktur ergeben sich unterschiedliche individuelle Ansichten. Welche Chancen die verschiedenen Unternehmungen der Finanzbranche in Cloud Computing tatsächlich sehen, entnehmen Sie bitte der Umfrage Analyse: Cloud Computing Schweiz [→Kapitel/5.3.4] dieser Studie.

Cloud Computing Finanzplatz Schweiz – Chancen und Risiken. Von Stefan Ruchti
www.fhnw.ch/wirtschaft

33

Bewertungstabelle: Vergleich zur traditionellen IT

Steigerung	< 10%	☆
Steigerung	10% – 30%	☆☆
Steigerung	30% - 50%	☆☆☆
Steigerung	50% - 80%	☆☆☆☆
Steigerung	80% - 99%	☆☆☆☆☆

4.1.1 Flexibilität (F)

Gerade bei Finanzinstituten spielt die Flexibilität eine besonders starke Rolle. In einer Branche in der einzelne Finanzunternehmen unter hohem nationalem und internationalem Druck stehen, müssen sich diese, den Marktveränderungen schnell anpassen können. Flexibilität bedeutet also, dass sich die IT Funktionalität, mit einer agilen Effektivität nach oben und unten skalierbar auf die veränderten Businessanforderungen einstellen kann, um dem Business die bestmögliche Wettbewerbsfähigkeit und die nötige Innovationskraft zu gewährleisten. Dies betrifft zudem auch, das Eliminieren von unnötigen Prozessen und Schnittstellen. Diesen hohen Anforderungen gerecht zu werden und mehr Flexibilität in ein Unternehmen zu bringen wird ab einer bestimmten Unternehmensgröße immer komplexer. Nach Aussage von Stefan Arn, UBS Head of IT Switzerland am 13. EUROFORUM Bank IT 2011:"Sei bei UBS die Geldmenge bezogen auf das IT Budget kein Problem sondern eher eine starke Eingrenzung der Flexibilität verursacht durch den enormen organisatorischen Apparat und die vielschichtige Komplexität der Retail Bank UBS." [Stefan Arn, 2011].

F.1 Rapid elasticity

Vorteil: F.1	Rapid elasticity	
Vergleich zur	Private Cloud (SaaS, PaaS, IaaS)	☆☆☆
traditioneller IT	Public Cloud (SaaS, PaaS, IaaS)	☆☆☆☆☆
	Hybrid Cloud (SaaS, PaaS, IaaS)	☆☆☆☆
	Community Cloud (SaaS, PaaS, IaaS)	☆☆☆
Zuordnung	Flexibilität	

Cloud Computing bietet schnelle Elastizität an, dieser Vorteil bedeutet, dass die erhöhten Leistungsanforderungen an Services wie Speicherplatz, Netzwerk Bandbreite oder

Cloud Computing Finanzplatz Schweiz – Chancen und Risiken. Von Stefan Ruchti
www.fhnw.ch/wirtschaft

34

Rechenleistung zu Spitzenzeiten schnell nach oben oder unten skaliert werden [⁶Rapid Elasticity] kann.

Der erhöhte Ressourcenbedarf der gerade bei Handelsplattformen (Internet Banking) zur Weihnachtszeit oder Finanzanwendungen zum Ende eines Bilanzabschlusses entsteht, kann damit ohne Qualitätsverlust des zu erbringenden IT Service abgefangen werden. Der eigentliche Vorteil steckt dabei in einer optimaleren Auslastung der Systeme. Mit hochverfügbaren, virtualisierten sowie Service orientierten Architekturen wird erreicht, dass IT Ressourcen den einzelnen IT Service und Schluss endlich dem Business so effizient wie möglich zur Verfügung gestellt wird.

Wenn wir davon ausgehen, dass wir einen IT Service aus der Public Cloud beziehen [→vgl. Kapitel2.2.2], stehen aus Sicht des Business im Prinzip unbeschränkte IT Ressourcen zur Verfügung. Beziehen wir diesen Service aus dem eigenen Rechenzentrum [→vgl. Kapitel 2.2.1], ist die Elastizität und Agilität auf die eigenen Hardware Ressourcen beschränkt. Dieser Nachteil der Beschränkung kann mit dazu gemieteten Ressourcen IaaS, aus einer Public Cloud beispielsweise, wieder ausgeglichen werden. Die Elastizität ist also davon abhängig wie man seine Sourcing Portfolio Strategie definiert. Es besteht im Weiteren ein starker Zusammenhang zu dem Grad der Industrialisierung der eigenen Ressourcen beziehungsweise der Cloud Reife. Der Hauptvorteil bei Cloud Computing liegt betreffend Elastizität bei den Ressourcen, die aus der Public Cloud angemietet werden können (mit Annahme von optimal ausgehandelten SLA). Fazit: je größer die organisatorische Distanzierung der eigentlichen IT Ressourcen vom Business, desto höher die Elastizität und Agilität und desto niedriger die Investitionskosten in die eigenen Ressourcen.

[→Abb./17] Soll dieses Spannungsfeld zwischen Elastizität/Agilität und IT Governace visualisieren. Beispiel: Zwei unterschiedlichen Delivery Versionen:

Version (A) der ganze IT Service X wird in eine Public Cloud verlagert und dort betrieben die Elastizität ist sehr hoch jedoch findet dadurch ein Kontrollverlust der Daten statt [→ vgl. Risik/O.2 Governace Verlust].

Die Version (B) zeigt, dass IT Service X hauptsächlich in der Private Cloud betrieben wird demzufolge wird eine verbesserte Kontrolle über die Daten und Systeme ermöglicht. Der starke Elastizitätsverlust kann mit zusätzlichen angemieteten Ressourcen wieder

---

⁶ Rapid Elasticity: IT Ressourcen können in Echtzeit schnell und teilweise automatisiert auf verändernde Bedürfnisse Angepasst werden.

Cloud Computing Finanzplatz Schweiz – Chancen und Risiken. Von Stefan Ruchti
www.fhnw.ch/wirtschaft

35

kompensiert werden. Die Elastizität beruht dabei auf einem teilbaren Pool von Ressourcen
([7]Ressourcen Pooling). Fazit: Selbstkontrolle muss man sich leisten können.

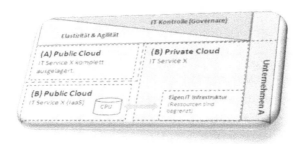

F.2 Skalierbarkeit

Vorteil: F.2	Skalierbarkeit	
Vergleich zur traditioneller IT	Private Cloud (SaaS, PaaS, IaaS)	☆☆☆
	Public Cloud (SaaS, PaaS, IaaS)	☆☆☆☆☆
	Hybrid Cloud (SaaS, PaaS, IaaS)	☆☆☆☆
	Community Cloud (SaaS, PaaS, IaaS)	☆☆☆☆
Zuordnung	Flexibilität	

Die Skalierbarkeit beschreibt das Verhalten von Programmen oder Algorithmen
(Produktionsmenge) bezüglich des Ressourcenbedarfs (Produktionsfaktoren). Um schneller
auf die Erfüllung von „On Demand Services" und auf die Kosteneffizienz des Kunden
reagieren zu können sind IT Dienstleister gefordert, gut skalierbare System einzusetzen. Gut
skalierbar bedeutet, dass, wenn ein System doppelte Leistung erbringen muss, es auch nur
mit doppelten Ressourcen auskommen sollte. Das bedeutet gleichzeitig, dass bei doppelter
Rechenleistung die Rechenzeit halbiert wird. Der Cloud Service Provider ist bestrebt die
Verfügbarkeit seiner Angebotenen Services in horizontaler- und vertikaler Skalierung zu
verbessern. Die Skalierbarkeit beruht auf der zugrunde liegenden Infrastruktur und den
Software Plattformen. Die Elastizität steht nicht nur in Zusammenhang mit der Skalierbarkeit,
sondern dient auch als ökonomisches Modell, die eine Skalierbarkeit in beide Richtungen in

---

[7] Ressourcen Pooling: Die Ressourcen des Providers werden an einer Stelle gebündelt und wird mehreren Cloud
Anwender zur Verfügung gestellt.

Cloud Computing Finanzplatz Schweiz – Chancen und Risiken. Von Stefan Ruchti
www.fhnw.ch/wirtschaft

36

automatisierter Art und Weise ermöglichen sollte. Dies bedeutet, dass die Services bei Bedarf sofort skalierbar sein sollten, indem Ressourcen weg oder hinzugefügt werden können. [→Lit./29]

4.1.2 Verfügbarkeit (V)

Die Verfügbarkeit von Daten ist eine wirtschaftliche Komponente in der Datenverarbeitung und der Datenübertragung. Die Verfügbarkeit kann sich gleichermaßen auf die Systeme und deren Funktionalität, sowie auf die von Daten oder Informationen beziehen. Zwischen der Verfügbarkeit und der Leistungssteigerung besteht eine Wechselwirkung. Da bei Ausfall eines Systems ein hoher wirtschaftlicher Schaden entstehen kann, sollten Datenverarbeitungssysteme und Kommunikationswege möglichst redundant ausgeführt sein. Cloud Computing bringt durch eine zunehmend erhöhte standortunabhängige Mobilität Vorteile in Bezug auf die Verfügbarkeit, und durch die verbesserte Zusammenarbeit eine Steigerung von redundanten Systemen und eine schnellere Ressourcenverfügbarkeit On Demand self-service Prinzip [→vgl. Chance V.3].

V.1 Broad network access

Vorteil V.1	Broad network access	
Vergleich zur	Private Cloud (SaaS, PaaS, IaaS)	☆☆☆
traditioneller IT	Public Cloud (SaaS, PaaS, IaaS)	☆☆☆☆☆
	Hybrid Cloud (SaaS, PaaS, IaaS)	☆☆☆☆
	Community Cloud (SaaS, PaaS, IaaS)	☆☆☆☆
Zuordnung	Verfügbarkeit	

Rechenkapazitäten werden über das Netz bereitgestellt und sind über Standardmechanismen zugänglich, die vor allem für eine Nutzung durch heterogene Thin Client- oder Thick Client-Plattformen geeignet sind. Verschiedene Studien zeigen auf, dass E-Mobilität und Kollaborationstendenzen einen großen Motivationsfaktor des Individuums Mensch erfordert und stark von seiner Umgebung abhängt (extrinsische Motivation). Dies ist bekanntlich im beruflichen Umfeld, also am Arbeitsplatz nicht anders. In unserer Gesellschaft der sozialen Netzwerke haben erfolgreiche Unternehmungen längst die Vorteile von intelligenten B2C Konzepten und starken semantischen Beziehungen der Kunden untereinander C2C auf verschiedenen Plattformen, wie beispielsweise facebook, xing und twitter etc. erkannt. In dieser Umgebung in der sich die Rolle des Kunden mit der Arbeitskultur und dem Arbeitsumfeld immer mehr vermischt, wird der gezielte Einsatz von

Cloud Computing Finanzplatz Schweiz – Chancen und Risiken. Von Stefan Ruchti
www.fhnw.ch/wirtschaft

37

Internettechnologien immer wichtiger. Speziell für die Kundengewinnung und Bindung, um letztendlich auch gewisse Reputationsrisiken zu minimieren. Um auf der einen Seite die Flexibilität und Unabhängigkeit des Software Anwenders zu gewährleisten, an jedem beliebigen Standort an dem eine Internetverbindung zur Verfügung steht, seine relevanten Daten abzurufen und in Echtzeit zu bearbeiten, verschafft und bedeutet für das jeweilige Unternehmen eine bessere Mobilität und eine effektivere Kollaboration.

Ein Beispiel hierfür könnte ein Kundenberater in einer Bank sein, der aktuelle Kundendaten aus einer Private Cloud (SaaS) basierenden CRM Lösung auf seinem Blackberry, Thin Client etc. abruft und diese gewinnbringend flexibel am Kundenstandort einsetzen kann. (Dabei können sich die hoch sensiblen Kundendaten in einer Private Cloud und die CRM Applikation in einer Public Cloud befinden). Diese Services werden unter Verwendung von Internet Identifizierungsmerkmalen, Formaten und Protokollen wie URLs, HTTP, IP und Anderen, für die Verfügbarkeit der Services geeigneten Web-orientierten Architekturen bereitgestellt. Es existieren viele Beispiele von Webtechnologien als Grundlage internetbasierter Services. Google´s Gmail, Amazon.com Buchverkäufe, eBay´s Auktionen und Lolcats Bildertauschbörse basieren alle auf der Verwendung des Internets, von Web Technologien und Protokollen.

V.2 Redundanz

Vorteil V.2	Redundanz	
Vergleich zur	Private Cloud (SaaS, PaaS, IaaS)	☆☆
traditionellen	Public Cloud (SaaS, PaaS, IaaS)	☆☆☆☆☆
IT	Hybrid Cloud (SaaS, PaaS, IaaS)	☆☆☆☆
	Community Cloud (SaaS, PaaS, IaaS)	☆☆☆☆
Zuordnung	Verfügbarkeit	

Neben den noch bestehenden Lücken bei Vertraulichkeit und Integrität punktet Cloud Computing mit einer hohen Verfügbarkeit. Da sich ja bekanntlich Verfügbarkeit ([8]DIN40042) [→Lit./31] wie folgt definiert: Verfügbarkeit = Gesamtzeit minus Gesamtausfallzeit wiederum durch die Gesamtzeit. Daraus ergibt sich bei Cloud Computing gerade bei ungeplanter „Downtime", durch mehrfach redundante Rechenzentren eine garantiert höhere Kontinuität als bei jeder anderen Serverlösung. Selbstverständlich müssen auch Unternehmen interne Risiken minimieren, zuerst durch ein optimales richtiges Netzwerkdesign, besonders bei den

---

[8] Nach DIN 40042 gilt: „Die Verfügbarkeit ist die Wahrscheinlichkeit, ein System zu einem gegebenen Zeitpunkt in einem funktionsfähigen Zustand anzutreffen"

Cloud Computing Finanzplatz Schweiz – Chancen und Risiken. Von Stefan Ruchti
www.fhnw.ch/wirtschaft

38

Netzwerkschnittstellknoten WAV/LAN. Es sollten unbedingt mehrere redundante WAN Zugänge mit dementsprechenden richtig konfigurierter DMZ, Load Balancing und QoS-System etc. Konfigurationen über Zugänge zu verschiedenen Providern gewährleistet sein. Dazu gehören selbstverständlich sauber definierte Service Level Agreements zwischen dem Systembetreiber und dem Kunden. Bei der Beachtung dieser wichtigen Maßnahmen können Verfügbarkeiten nahe zu 99,99% gewährleistet werden und dem Risiko des Single Points of Failure dem totalen Netzwerkausfall entgegen gewirkt werden [→Lit./30].

ABBILDUNG 18: CLOUD INFRASTRUKTUR IBM. QUELLE: ONLINE IBM.COM 2011.

V.3 On Demand self-service

Vorteil V.3	On Demand self-service	
Vergleich zur traditioneller IT	Private Cloud (SaaS, PaaS, IaaS)	☆☆
	Public Cloud (SaaS, PaaS, IaaS)	☆☆☆☆☆
	Hybrid Cloud (SaaS, PaaS, IaaS)	☆☆☆☆
	Community Cloud (SaaS, PaaS, IaaS)	☆☆☆☆
Zuordnung	Verfügbarkeit	

Der Verbraucher kann sich nach Bedarf automatisch mit Rechenkapazitäten wie Serverzeit und Netzwerkspeicher selbst versorgen. Hierzu ist keine Interaktion mit Mitarbeitern des jeweiligen Dienstanbieters erforderlich. Cloud Computing bedeutet nicht nur das zur Verfügung stellen von On Demand Infrastruktur wie Rechner-, Speicherleistung und Netzwerke, sondern auch den effektiven Einsatz von On Demand Software. Dies bedeutet, dass auch Betriebssysteme, Middleware, Applikationen, Managementtools sowie

Cloud Computing Finanzplatz Schweiz – Chancen und Risiken. Von Stefan Ruchti
www.fhnw.ch/wirtschaft

39

Entwicklungstools On-Demand fähig sein müssen. Die großen Herausforderungen für den Cloud Provider liegen in erster Linie im Monitoring der Kapazitäten Nutzung, sowie der zukünftigen Bedarfsermittlung, sowohl im Speicherbereich, als auch in der Rechenperformance. Dies bedingt auch die Entwicklung der entsprechenden Lizenzmodelle. Sind diese Bedingungen erfüllt, bringt das dem Cloud Kunden folgende Vorteile. Kunden zahlen nur für die benutzten Services. Anhängig vom vereinbarten Lizenzmodell in Verbindung mit einer Grundgebühr und eventuellen Berücksichtigung bei Spitzenlastzeiten. On-Demand im Cloud Computing bringt dem Kunden also eine schnellere Verfügbarkeit bei erhöhtem Ressourcenbedarf und dies bei niedrigen Kosten, im Gegensatz zur Anschaffung von eigener Hardware im eigenen Rechenzentrum.

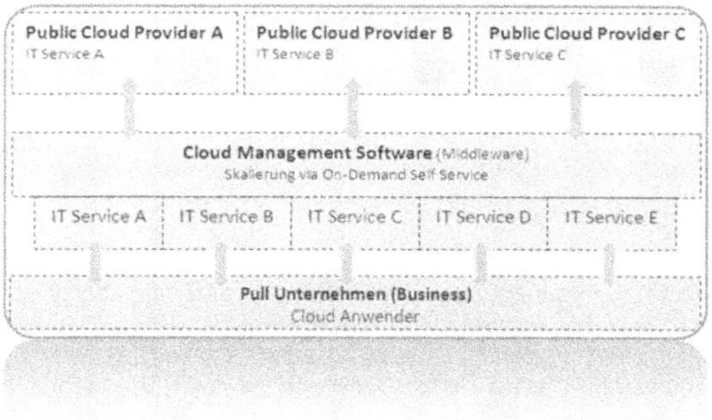

ABBILDUNG 19: ON DEMAND ARCHITEKTUR, EIGENE ABBILDUNG 2011

4.1.3 Effektivität, Effizienz (E)

E.1 Skaleneffekte

Vorteil: E.1	Skaleneffekte	
Vergleich zur	Private Cloud (SaaS, PaaS, IaaS)	☆☆
traditioneller IT	Public Cloud (SaaS, PaaS, IaaS)	☆☆☆☆☆
	Hybrid Cloud (SaaS, PaaS, IaaS)	☆☆☆☆
	Community Cloud (SaaS, PaaS, IaaS)	☆☆☆☆
Zuordnung	Effektivität, Effizienz	

Services teilen sich einen ganzen Pool von Ressourcen, um kostentechnische Größenvorteile (Skaleneffekte) nutzen zu können. Die IT Ressourcen werden dabei mit einer

Cloud Computing Finanzplatz Schweiz – Chancen und Risiken. Von Stefan Ruchti
www.fhnw.ch/wirtschaft

40

maximalen Effizienz eingesetzt ([9]high utilization). Die zugrunde liegende Infrastruktur, die Software und Plattformen werden dabei von den Kunden dieses Services gemeinsam genutzt (was den Nutzern bei einer Public Cloud in der Regel nicht bekannt ist). Dies beinhaltet, dass normalerweise ungenutzte Ressourcen für verschiedenste Bedürfnisse und unterschiedliche Kunden, die alle gleichzeitig darauf zugreifen, genutzt werden. Dabei ist das Prinzip der gemeinsamen Nutzung der Ressourcen auf der grundlegenden Technologie Mandantenfähigkeit ([10]Multi-Tenacy) aufgebaut.

E.2 Service basierend

Vorteil: E.2	Service Orientierung	
Vergleich zur	Private Cloud (SaaS, PaaS, IaaS)	☆☆
traditioneller IT	Public Cloud (SaaS, PaaS, IaaS)	☆☆☆☆☆
	Hybrid Cloud (SaaS, PaaS, IaaS)	☆☆☆☆
	Community Cloud (SaaS, PaaS, IaaS)	☆☆☆☆
Zuordnung	Effektivität, Effizienz	

Durch sehr gut definierte Service-Interfaces können die Belange der Kunden von den Belangen der Anbieter getrennt, betrachtet werden. Diese Interfaces verstecken die eigentlichen Implementierungs-Details und ermöglichen ein komplett automatisches Ansprechen des Nutzers eines Services durch den Anbieter des Services. Der Service kann dabei entweder als "fertig zum sofortigen Einsatz" oder "von der Stange" betrachtet werden, wenn er die spezifischen Bedürfnisse einer bestimmten Kundengruppe abdeckt und die verwendeten Technologien an die Bedürfnisse und nicht der Service an die Funktionsweise der Technologien angepasst wurde. Die Klassifikation der Service Funktionen sollte dabei auf den Service Levels und den IT Ergebnissen (Verfügbarkeit, Antwortzeiten, Performance versus Preis sowie klare und vordefinierte operationale Prozesse) anstatt rein auf der Technologie und den damit verbundenen Fähigkeiten beruhen. In anderen Worten: Es ist viel wichtiger, dass der Service die Bedürfnisse der Nutzer erfüllt, anstatt auf die verwendeten Technologien zu achten, die der Service für die Implementierung benötigt.

[9] high utilization: Einsetzen von IT Ressourcen mit optimaler Effizienz.
[10] multi-Tenacy: (Mandantenfähigkeit) - mehrere Kunden benutzen gleichzeitig, gemeinsam die gleichen IT Infrastrukturen, Server oder Software und greifen auf der Basis der Authentifizierung sowie Identifizierung logisch getrennt auf diese Systeme zu

E.3 Schnellere Implementierung (Time to Market)

Vorteil: E.3	Time to Market	
Vergleich zur traditionellen IT	Private Cloud (SaaS, PaaS, IaaS)	☆☆
	Public Cloud (SaaS, PaaS, IaaS)	☆☆☆☆☆
	Hybrid Cloud (SaaS, PaaS, IaaS)	☆☆☆☆
	Community Cloud (SaaS, PaaS, IaaS)	☆☆☆☆
Zuordnung	Effektivität, Effizienz	

Gerade bei Neuen- oder Anpassungsprojekten in der Software Entwicklung muss ein großer Aufwand betrieben werden, um erst mal die Entwicklungsumgebung aufzubauen und zu warten. Je nach Umfang des Projektes müssen neue Server eingerichtet, die richtigen Softwarepakete ausgewählt und Wartungsarbeiten sowie Backups durchgeführt werden. Plattform-as-a-Service Lösungen bieten fertig eingerichtete Infrastrukturen an, auf denen die Entwickler „simple" aufbauen können. Die wichtigsten Vorteile sind hierbei, dass der Administrationsaufwand soweit minimiert wird, dass sich die Entwickler auf die eigentlichen Entwicklungsaufgaben konzentrieren können. Die meisten PaaS Anbieter bieten eine voll gewartete und speziell eingerichtete Komponente an, bei dem der Benutzer bei Wartungsaufgaben nur noch selten bis gar nicht eingreifen muss. Die Entwicklungsumgebung besteht bei PaaS aus einer einzigen Plattform auf derer mehrere Projekte und mehrere Entwickler gleichzeitig und parallel arbeiten können. Diese besonderen Vorteile verkürzen Entwicklung- und Intergrations Aufwände enorm und führen zu einem schnelleren Time-to-market.

E.4 Patch Management

Vorteil: E.4	Release & Patch Management	
Vergleich zur traditionellen IT	Private Cloud (SaaS, PaaS, IaaS)	☆☆
	Public Cloud (SaaS, PaaS, IaaS)	☆☆☆☆☆
	Hybrid Cloud (SaaS, PaaS, IaaS)	☆☆☆☆
	Community Cloud (SaaS, PaaS, IaaS)	☆☆☆☆
Zuordnung	Effektivität, Effizienz	

Die Planung und Installation von Patches, sowohl auf Betriebssystem-, als auch auf höheren Abstraktionsebenen werden beispielsweise in einer Public Cloud vom Provider Automatisch ausgeführt der eigentliche Cloud Kunde muss sich also im Prinzip nicht mehr um das Patch Management kümmern, dass hat erhebliche Kosteneinsparungen zur Folge. Wichtig sind

Cloud Computing Finanzplatz Schweiz – Chancen und Risiken. Von Stefan Ruchti
www.fhnw.ch/wirtschaft

42

insbesondere Patches, die Sicherheitsschwachstellen abdecken. Es ist wichtig und von zentraler Bedeutung, dass Patches über die gesamte Infrastruktur hinweg ganzheitlich und in regelmäßigen Zyklen eingespielt werden. Ansonsten können Lücken durch Angreifer sehr schnell ausgenutzt werden. Der eigentliche Vorteil liegt darin, dass im Gegensatz zu Client-basierten Systemen standardisierte Cloud Umgebungen einen erheblich höheren Effizienzgrad erreichen und die Bereitstellungszeiten minimieren.

E.5 Standard-, Industrialisierung und Nachhaltigkeit

Vorteil: E.5	Standardisierung/ Industrialisierung/ Nachhaltigkeit	
Vergleich zur	Private Cloud (SaaS, PaaS, IaaS)	☆☆
traditioneller IT	Public Cloud (SaaS, PaaS, IaaS)	☆☆☆☆☆
	Hybrid Cloud (SaaS, PaaS, IaaS)	☆☆☆☆
	Community Cloud (SaaS, PaaS, IaaS)	☆☆☆☆
Zuordnung	Effektivität, Effizienz	

Cloud Computing ist durch den optimierten Einsatz von Ressourcen, effizienteren Systemen und CO2-Neutralität nachhaltig. Computer und die damit verbundene Infrastruktur verbrauchen allerdings nach wie vor sehr viel Energie. In Bezug auf die Selbsterneuerung, ist Cloud Computing eine der zukunftssichersten Technologien. Eine Cloud besteht aus hunderttausenden einzelnen Rechnern, die laufend ausgetauscht und durch neuere Modelle ersetzt werden. Die Cloud regeneriert sich in kleinsten Schritten und entwickelt sich damit permanent weiter. Der große Einsatz von effizienten Soft- und Hardware in riesigen Rechenzentren ist ein enormer push für große Standard- und Industrialisierung Entwicklungen.

4.1.4 Sicherheit (S)

Bei Cloud Computing sind bezüglich Sicherheit große Bedenken vorhanden. Der Sicherheitsaspekt kann sich aber auch als Chance entpuppen. Gerade dann, wenn kleinere oder mittlere Unternehmungen die technischen und organisatorischen Maßnahmen zum Schutz ihrer Daten nicht voll umgesetzt haben. Diese bieten im Gegensatz zu Cloud Providern meistens erhebliche Vorteile, eines erhöhten Sicherheitsstandards. Die Sicherheitsvorteile bei Cloud Computing liegen also unter anderem, in der Ausnutzung der

Cloud Computing Finanzplatz Schweiz – Chancen und Risiken. Von Stefan Ruchti
www.fhnw.ch/wirtschaft

43

Skaleneffekte von Security. Sicherheit als Marktdifferenzierung, die Profilierung durch Security, sowie eine Verbesserung in der Kontrolle und Beweiserhebung.

S.1 Skaleneffekte von Security

Vorteil: S.1	Skaleneffekte von Security	
Vergleich zur traditioneller IT	Private Cloud (SaaS, PaaS, IaaS)	☆☆
	Public Cloud (SaaS, PaaS, IaaS)	☆☆☆☆☆
	Hybrid Cloud (SaaS, PaaS, IaaS)	☆☆☆☆
	Community Cloud (SaaS, PaaS, IaaS)	☆☆☆☆
Zuordnung	Sicherheit	

Einfach gesagt, alle Arten von Sicherheitsmaßnahmen werden billiger, wenn sie in einem größeren Maßstab umgesetzt werden. Durch die Einbettung in eine größere Struktur lassen sich Kosten für Sicherheitsmaßnahmen drastisch senken. Dazu gehören die verschiedensten Arten von Abwehrmaßnahmen wie Filterung, Patch-Management, besserer Schutz der virtuellen Maschineninstanzen und Hypervisors. Durch Personal und ihre Verwaltungs- und Kontrollsysteme, Hard- und Software-Redundanzen, starke Authentifizierung, leistungsfähige rollenbasierte Zugangskontrolle und Federated Identity Management Standardlösungen werden dabei zusätzliche Netzeffekte geschaffen. Diese bringen Vorteile in der Zusammenarbeit zwischen verschiedenen Security Partnern des eigenen Unternehmens. Weitere Vorteile der Security Skaleneffekte sind:

Erhöhung der Redundanz: Größere Cloud Anbieter haben meistens die wirtschaftlichen Ressourcen, Kundendaten an mehrere Standorte zu replizieren. Dies erhöht die Redundanz und bietet ein Niveau von Disaster Recovery-out-of-the-box.

Edge-Netzwerke: Verarbeitung, Speicherung und Lieferung werden näher zum Kunden (Intranet) gebracht, das hat eine QoS Steigerung zur Folge und eine Abnahme von globalen Nebenwirkungen.

Verbesserung der Schadensfrüherkennung (Improved timeliness of response): Es kann beispielsweise schneller und Effektiver auf Malware oder DDoS Attacken reagiert und dessen Abwehr gesichert werden. Also die Incident-Response Time kann erheblich erhöht werden.

Cloud Computing Finanzplatz Schweiz – Chancen und Risiken. Von Stefan Ruchti
www.fhnw.ch/wirtschaft

44

Threat Management: Cloud Anbieter können sich spezifische Sicherheitsspezialisten leisten, während kleinere Unternehmen sich oft mit einem generalistischen Security Angebot zufrieden geben müssen.

S.2 Sicherheit als Markt Differenzierung

Vorteil: S.2	Sicherheit als Markt Differenzierung, Profilierung Vorteil	
Vergleich zur	Private Cloud (SaaS, PaaS, IaaS)	☆☆
traditioneller IT	Public Cloud (SaaS, PaaS, IaaS)	☆☆☆☆☆
	Hybrid Cloud (SaaS, PaaS, IaaS)	☆☆☆☆
	Community Cloud (SaaS, PaaS, IaaS)	☆☆☆☆
Zuordnung	Sicherheit	

Aus dem Grund, dass die Evaluation und die Kaufentscheidungen einer Cloud Lösung sehr stark von dem Kriterium Sicherheit abhängen, sind die verschiedenen Cloud Provider stärker verpflichtet in die Sicherheit zu investieren, um sich somit vom Konkurrenten abzuheben. Dies führt zu einer allgemeinen Erhöhung der Integrität und Stabilität der Sicherheitsdienste gegenüber traditionellen Sicherheitsumgebungen. Cloud Computing ist also ein starker Treiber für die Verbesserung von Sicherheitsmaßnahmen und ihre Wettbewerbsfähigkeit. Standardisierte Security Interfaces (Managed Security Services) - Durch die starke Industrialisierung von Cloud Computing werden Cloud Anbieter sehr wahrscheinlich einen offenen Schnittstellenstandard entwickeln, um alle Dienstleitungen ihrer Kunden zu managen. Dies schafft möglicherweise einen offenen und leicht verfügbaren Security Markt, in dem die Cloud Kunden den Anbieter leichter wechseln können. Die Notwendigkeit Sanktionen für verschiedene Risikoszenarien in SLAs und die möglichen Auswirkungen von Sicherheitsverletzungen zu quantifizieren, ist eine Motivation für strengere interne Revisionen und Verfahren zur Risikobewertung. Dadurch ergeben sich Chancen Risiken aufzudecken, die sonst nicht entdeckt worden wären, dies führt wiederum zu dem positiven Effekt, dass sich die Sicherheitsmaßnahmen grundsätzlich verbessern.

Cloud Computing Finanzplatz Schweiz – Chancen und Risiken. Von Stefan Ruchti
www.fhnw.ch/wirtschaft

45

S.3 Kontrolle und Beweis Erhebung

Vorteil: S.3	Kontrolle und Beweis Erhebung	
Vergleich zur	Private Cloud (SaaS, PaaS, IaaS)	☆☆
traditioneller IT	Public Cloud (SaaS, PaaS, IaaS)	☆☆☆☆☆
	Hybrid Cloud (SaaS, PaaS, IaaS)	☆☆☆☆
	Community Cloud (SaaS, PaaS, IaaS)	☆☆☆☆
Zuordnung	Sicherheit	

In einer virtuellen Cloud Umgebung kann auf Sicherheitsverletzungen effizienter und effektiver reagiert werden. Infrastruktur-as-a-Service Lösungen unterstützen das Klonen von virtuellen Maschinen, oder virtuelle Komponenten davon und dies On-Demand. Im Falle einer vermuteten Sicherheitsverletzung, kann sich der Sicherheitsverantwortliche ein Klonabbild einer virtuellen Maschine machen, mit welcher er dann die offline-forensische Analyse durchführen kann. Dies führ zu weniger Ausfallzeiten für die Analyse. Dies verbessert die ex-post Analyse von sicherheitsrelevanten Zwischenfällen und erhöht die Wahrscheinlichkeit, Tracking und Patching Angreifer zu schwächen. Dies ist natürlich kein Standard Cloud Service und es wird davon ausgegangen, dass der Cloud Benutzer (Kunde) Zugang zu qualifizierten forensischen Experten hat.

4.1.5 Kosten, Nutzen (C)

Cloud Computing bietet durch die nutzenabhängige Abrechnung und Effizienzsteigerung der Systeme und die Outsourcing Erweiterung der eigenen IT Ressourcen zu Service Providern, erhebliche Kostenvorteile im Bereich von Wartung und Support, Einsparungen von Energie- und Lohnkosten. Es findet eine grundlegende Verschiebung von Fixkosten zu variablen Kosten statt. Dadurch wird gebundenes Kapital freigesetzt das wiederum zu mehr Innovationskraft und letztlich zu einem schnelleren ROI führt. Die Vorteile von Cloud Computing bezogen auf die Kosten und Nutzen Verhältnisse sind im Bereich der Nutzenabhängigen Verrechnung der Kostenreduktion bei Wartung und Upgrade der Systeme einer Energiekostenreduktion im Rechenzentrum und bessere Ressourcen Einkaufskonditionen für den Cloud Anbieter, zu finden.

C.1 Nutzenabhängige Verrechrung

Vorteil: C.1	Nutzenabhä ngige Verrechnung	
Vergleich zur	Private Clouc (SaaS, PaaS, IaaS)	☆☆
traditioneller IT	Public Cloud (SaaS, PaaS, IaaS)	☆☆☆☆☆
	Hybrid Cloud (SaaS, PaaS, IaaS)	☆☆☆☆
	Community Cloud (SaaS, PaaS, IaaS)	☆☆☆☆
Zuordnung	Kosten, Nut~en	

„Services werden immer im Zu3ammenhang mit der Inanspruchnahme durch die Nutzer gemessen, um unterschiedliche Preismodelle umsetzen zu können. Der Service Anbieter betreibt ein Nutzungs-Zählungsmodell, um die Nutzung seiner Dienste den Kunden zuzuordnen und so unterschie dliche Preisentwicklungspläne und Modelle umsetzen zu können. Diese Modelle kön en "Zahlung bei Inanspruchnahme", ähnlich einem Wartungsvertrag, feste Nutzungspläne oder komplette freie Pläne beinhalten. Die implizierten Zahlungsmodelle basieren auf den Kosten der tatsächlichen Nutzung und nicht basierend auf den Kosten der vorhandenen Ausstattung. Diese Pläne basieren immer auf dem Umfang der Nutzung der Services durch die Kunden, die in verbrauchten Stunden, dem Datentransfer oder anderen nutz ngsspezifischen Attributen erfasst werden."[Gartner, 2010]

C.2 Wartung und Support Kosteneinsparungen

Vorteil: C.2	Kostenredu ktion bei Wartung und Upgrade	
Vergleich zur	Private Cloud (SaaS, PaaS, IaaS)	☆☆
traditioneller IT	Public Cloud (SaaS, PaaS, IaaS)	☆☆☆☆☆
	Hybrid Clouc (SaaS, PaaS, IaaS)	☆☆☆☆
	Community Cloud (SaaS, PaaS, IaaS)	☆☆☆☆
Zuordnung	Kosten, Nut~en	

Besonders fallen Kosteneinspar ngen aus dem Hauptgrund der geteilten Ressourcen bei einer Public Cloud an. In diese Cloud Art, in welcher die Ressourcen lediglich gemietet werden, werden die Wartung und der Support der Systeme vom Cloud Anbieter zur Verfügung gestellt. Die anfaller den Kosten werden gemeinsam unter den verschiedenen Cloud Kunden aufgeteilt und somit in das Mietmodell und die Preise einkalkuliert. Man zahlt also nur noch was man gerade benötigt.

Cloud Computing Finanzplatz Schw3iz – Chancen und Risiken. Von Stefan Ruchti
www.fhnw.ch/wirtschaft

47

C.3 Energiekosten Reduktion

Vorteil: C.3	Energiekosten Reduktion	
Vergleich zur traditioneller IT	Private Cloud (SaaS, PaaS, IaaS)	☆☆
	Public Cloud (SaaS, PaaS, IaaS)	☆☆☆☆☆
	Hybrid Cloud (SaaS, PaaS, IaaS)	☆☆☆☆
	Community Cloud (SaaS, PaaS, IaaS)	☆☆☆☆
Zuordnung	Kosten, Nutzen	

Ein optimales und extremes Beispiel wäre hierbei die Einsparung der Energiekosten. Wenn alle Services, Prozesse und Daten in eine Public Cloud verlagert werden und via SaaS und Thin Clients (Terminals) auf die angebotenen Dienste zugegriffen werden könnte. Dies würde bedeuten dass kein eigenes Rechenzentrum und auch keine energiefressenden Clients (Arbeitsstationen, PC) mehr betrieben werden müssten. Fazit: Es könnten also enorme Energiekosten eingespart werden. Das Einzige was man noch an Infrastruktur benötigt und selber oder extern betrieben werden muss, sind natürlich Netzwerke mit hoher Verfügbarkeit und Thin Clients.

C.4 Lieferanten Economics

Vorteil: C.4	Lieferanten Economics	
Vergleich zur traditioneller IT	Private Cloud (SaaS, PaaS, IaaS)	☆☆
	Public Cloud (SaaS, PaaS, IaaS)	☆☆☆☆☆
	Hybrid Cloud (SaaS, PaaS, IaaS)	☆☆☆☆
	Community Cloud (SaaS, PaaS, IaaS)	☆☆☆☆
Zuordnung	Kosten, Nutzen	

Cloud Computing bietet die Vorteile besserer Einkaufskonditionen (Mengenrabatte etc.). Einerseits verursacht durch das gemeinsam geballte Nutzen von Ressourcen (Ressource pooling) auf der Cloud Anwenderseite. Sowie durch den erhöhten Ressourcenbedarf der Infrastruktur (Hardware, Software, Rechenzentrum Technologien etc.) in immer kürzeren Zyklen auf der Cloud Anbieterseite. Dies führt zu günstigeren Herstellkosten bei Hardwarelieferanten.

Cloud Computing Finanzplatz Schweiz – Chancen und Risiken. Von Stefan Ruchti
www.fhnw.ch/wirtschaft

48

C.5 Measured Service

Vorteil: C.5	Measured Service	
Vergleich zur	Private Cloud (SaaS, PaaS, IaaS)	☆☆
traditioneller IT	Public Cloud (SaaS, PaaS, IaaS)	☆☆☆☆☆
	Hybrid Cloud (SaaS, PaaS, IaaS)	☆☆☆☆
	Community Cloud (SaaS, PaaS, IaaS)	☆☆☆☆
Zuordnung	Kosten, Nutzen	

Cloud-Systeme kontrollieren und optimieren die Ressourcen-Nutzung automatisch, indem sie auf einer bestimmten Abstraktionsebene eine passende Messfunktion für den jeweiligen Service bereitstellen. Die Ressourcennutzung kann überwacht, kontrolliert und weitergemeldet werden, um Transparenz zu gewährleisten. Meist werden diese Qualitäts Prozess von Frameworks wie beispielsweise ITIL V3 Continual Service Improvement (CSI) unterstützt. Die Nachhaltige Verbesserung der im Rahmen eines IT Service Management angebotenen IT Services wird fortlaufend dessen Qualität gemessen. Aus diesen Messungen können wenn notwerdig, Verbesserungen oder Korrekturen abgeleitet werden.

C.6 Veränderungen von Humarkapital

Vorteil: C.6	Veränderungen von Humankapital	
Vergleich zur	Private Cloud (SaaS, PaaS, IaaS)	☆☆
traditioneller IT	Public Cloud (SaaS, PaaS, IaaS)	☆☆☆☆☆
	Hybrid Cloud (SaaS, PaaS, IaaS)	☆☆☆☆
	Community Cloud (SaaS, PaaS, IaaS)	☆☆☆☆
Zuordnung	Kosten, Nutzen	

Durch den vermehrten Einsatz von Sourcing Strategie (Outsourcing, Offshoring etc.), Auslagern von Ressourcen, Prozessen und der Industrialisierung bei Cloud Computing, findet in erster Linie eine Abnahme von technologischen Fachkräften, sowie eine erhöhte Nachfrage oder Verlagerung (Umschulung) von Humankapital im Bereich der organisatorische IT Fachkräfte, im Sinne von beispielsweise Service Management und Wirtschaftsinformatiker statt. Cloud Computing sorgt für starke Veränderung im Bereich der IT Skills und Lohnkosten.

Cloud Computing Finanzplatz Schweiz – Chancen und Risiken. Von Stefan Ruchti
www.fhnw.ch/wirtschaft

49

C.7 Reduktion von Investitionskosten

Vorteil: C.7	Reduktion von Investitionskosten	
Vergleich zur	Private Cloud (SaaS, PaaS, IaaS)	☆
traditioneller IT	Public Cloud (SaaS, PaaS, IaaS)	☆☆☆☆☆
	Hybrid Cloud (SaaS, PaaS, IaaS)	☆☆☆
	Community Cloud (SaaS, PaaS, IaaS)	☆☆☆
Zuordnung	Kosten, Nutzen	

Durch das Beziehen einer kompletten IT Landschaft, Ressourcen aus der Cloud und durch die nutzenabhängige Verrechnung entstehen enorme Kostenverschiebungen. Die Investitionskosten verschieben sich hin zu variablen Miet- oder Leasings-Kosten.

Cloud Computing Finanzplatz Schweiz – Chancen und Risiken. Von Stefan Ruchti
www.fhnw.ch/wirtschaft

50

4.2 Risiken von Cloud Computing

Die Mehrheit der weltweiten IT Entscheider ist sich einig: Cloud Computing bietet erhebliche Chancen, die dabei behilflich sind, sich auf das Kerngeschäft konzentrieren zu können, schneller auf Markt- und Geschäftsveränderungen zu reagieren und die Flexibilität zu steigern. Jedoch sind bei Cloud Computing auch neue Risiken in technologischer-, und organisatorischer-Hinsicht auszumachen, die schon bei der Initialisierungsphase eines Cloud Projekts unbedingt zu beachten sind. Was die jeweiligen IT Entscheider noch abhält in die Cloud zu investieren, sind Bedenken und Risiken von rechtlicher und regulatorischer Natur. Bedenken über die örtliche Lage der gespeicherten Daten, der Kontrollverlust über die IT Ressourcen, die fehlende Transparenz der Partner und deren IT Ressourcen in der Wolke. Des Weiteren, fehlende Transparenz des Marktangebotes, Unklarheiten in Bezug zum Leistungsangebot, Disharmonien über Datenschutz und Datensicherheit gerade in anderen Ländern. Die noch fehlenden Standards und Marktvergleiche machen die Möglichkeit umständlich den internen Reifegrad für eventuelle Cloud Projekte zu bestimmen und richtig zu bewerten. Weitere Risiken finden sich in vertraglichen Aspekten, wie Service Management OLA und SLA Vereinbarungen. Außerdem bestehen Bedenken einer zu starken Abhängigkeit vom jeweiligen Cloud Anbieter.

Die Firma ISPIN AG beschreibt in ihrem einzigartigen Schweizweiten Security Report 2010: „Sicherheit ist kein Kompromiss. Sicherheit ist Balance zwischen Risiko, Chancen und Gegenmaßnahmen in den Bereichen Mensch, Technik und Organisation" [Marco Marchesi 2011] dabei identifiziert die Firma ISPIN AG die eigenen Mitarbeiter im Unternehmen als ein hohes Sicherheitsrisiko. Die Haupttreiber für das Budgets und Ressourcen im Bereich Informationssicherheit sind in erster Linie die Business Continuity/ Desaster Recovery gefolgt von den rechtlichen und gesetzlichen Vorgaben [→Lit./19].

Welche Risiken und Hemmfaktoren derzeit vom Finanzmarkt real wahrgenommen werden, finden Sie in der Umfrage Daten Analyse, ab [->vgl. Umfrage/5.3.4] Bei Risiken handelt es sich ja bekanntlich um Informationsunsicherheiten über den Eintritt eines Sachverhaltes und die dadurch induzierte Möglichkeit der Beeinträchtigung von Zielen. Die Risiken werden in dieser Arbeit in technologische, organisatorische, rechtliche sowie nicht Cloud Spezifische Risiken eingeordnet. Folgende Tabelle gibt eine Übersicht über bekannte Risiken die von Cloud Computing ausgehen können.

Cloud Computing Finanzplatz Schweiz – Chancen und Risiken. Von Stefan Ruchti
www.fhnw.ch/wirtschaft

51

Risiken von Cloud Computing

Technologische Risiken (T)

T.1	Ressourcenerschöpfung
T.2	Isolationsfehler
T.3	Mitarbeiter beim Cloud Provider – Missbrauch von Administrationsrechten
T.4	Management Interface Kompromittieren
T.5	Daten abfangen, Abhören bei der Übertragung
T.6	Unsicheres oder wirkungsloses löschen von Daten
T.7	Distributed Denial of Service (DDOS)
T.8	Verlust des Encryption Schlüssel
T.9	Undertaking Malicious Probes or Scans
T.12	Kompromittieren der Service Engine
T.13	Konflikte zwischen dem Kunden und der Cloud Umgebung

Organisatorische Risiken (O)

O.1	Compliance Veränderungen
O.2	Governace Verlust
O.3	Lock-In
O.4	Image Verlust aufgrund von Mit-Mieter Aktivitäten
O.5	Minderung oder Ausfall von Cloud Service Delivery
O.6	Cloud Provider Akquisitionen
O.7	Fehler in der "Produktionskette" (Supply Chain Failure)

Rechtliche Risiken (R)

R.1	Strafverfolgung und elektronische Beweissicherung (E-Discovery)
R.2	Risiken durch Gerichtsstands Wechsel
R.3	Datenschutzrisiken
R.4	Lizenzen Risiken

Nicht Cloud spezifisch Risiken (U)

U.1	Netzwerk Unterbruch
U.2	Netzwerk-Management (Netzwerk-überlastung, falsch Konfiguration)
U.3	Änderungen der Netzwerk TRAFFIC
U.4	Privilegienerweiterung (Privilegien Eskalation)
U.5	Social Engineering Attacken
U.6	Verlust oder Beeinträchtigung von operativer LOGS
U.7	Verlust oder Beeinträchtigung der Sicherheit LOGS (Manipulation der forensischen Untersuchungen)
U.8	BACKUP Verlust, Diebstahl
U.9	Unbefugter Zugang zu den Räumlichkeiten (einschließlich physischer Zugriff auf IT Infrastruktur und andere Anlagen)
U.10	Diebstahl von Computer Equipment
U.11	Naturkatastrophen

Die Risikobewertung wird in dieser Arbeit wie folgend definiert: Die Höhe des Risikos ist eine Schätzung über die Wahrscheinlichkeit des Eintretens (Impact) eines negativen Ereignisses, (Szenario) und dessen negative Auswirkung auf einen bestimmten Unternehmenswert (Asset).

Die wahrscheinlichen Auswirkungen der einzelnen Szenarien und die Stärke des Impacts auf die Unternehmenswerte von Finanzinstituten basiert lediglich auf Schätzungen. Dies resultiert aus den zu geringen Vergleichsmöglichkeiten des noch jungen Cloud Marktes und deshalb nicht auf kollektiven Erfahrungen. Im Einzelnen sind die Risiken durch die

Cloud Computing Finanzplatz Schweiz – Chancen und Risiken. Von Stefan Ruchti
www.fhnw.ch/wirtschaft

52

unterschiedlichen Cloud-Modelle und Architekturen, sowie durch die aktuelle IST Situation der Industralisierungsreife auf Cloud Anwender/Anbieter Seite getrennt. Im Folgenden wird das Risiko als eine Auswirkung auf geschäftliche Werte und die Wahrscheinlichkeit des Eintretenden Szenarios dargestellt. Das daraus resultierende Risiko wird auf einer Skala von 0 bis 8 bewertet.

Geringes Risiko 0 – 2		Mittleres Risiko 3 – 5		Hohes Risiko 6 - 8	
Wahrscheinlichkeit eines Szenarios	**Sehr gering** (sehr unwahrscheinlich)	**Gering** (unwahrscheinlich)	**Mittel** (möglich)	**Hoch** (wahrscheinlich)	**Sehr Hoch** (häufig)
Sehr gering	0	1	2	3	4
Gering	1	2	3	4	5
Mittel	2	3	4	5	6
Hoch	3	4	5	6	7
Sehr hoch	4	5	6	7	8

Diese Risiko Einschätzung basiert auf ISO/IEC 27005:2008

ABBILDUNG 20: RISIKO EINSCHÄTZUNG TABELLE, EIGENE ABBILDUNG ANGELEHNT AN ISO/IEC27005:2008

Cloud Computing Finanzplatz Schweiz – Chancen und Risiken. Von Stefan Ruchti
www.fhnw.ch/wirtschaft

53

4.2.1 Technologische Risiken (T)

T.1 Ressourcenerschöpfung

Wahrscheinlichkeit	A: Unfähigkeit, zusätzliche Ressourcen an einen Kunden zu liefern.	Mittel	Vergleich zur traditioneller IT: nicht bekannt
	B: Unmöglichkeit, aktuelle SLA Leistungen einzuhalten	Niedrig	Vergleich zur traditioneller IT: höher
Impact	A: Unfähigkeit, zusätzliche Ressourcen an einen Kunden zu liefern. (z.B. an Weihnachten):	Niedrig/Mittel	Vergleich zur traditioneller IT: nicht bekannt
	B: Unmöglichkeit, aktuelle SLA Leistungen einzuhalten	Hoch	Vergleich zur traditioneller IT:
Sicherheitslücken	V.15 Ungenauer Modellbau der Ressourcennutzung		
	V.27 Mangelhafte Ressourcenbereitstellung und Investitionen in die Cloud Infrastruktur		
	V.28 Keine oder ungenügende Police für die Ressourcen		
	V.47 Mangel an Lieferanten Redundanz		
Betroffene Vermögenswerte	A.1 Unternehmens Image		
	A.2 Kundenvertrauen		
	A.10 Service Delivery		
	A.11 Zutrittskontrolle/ Authentifizierung/ Autorisierung auf root/admin rechte		
Risiko			

[Quelle: ENISA, 2009]

Cloud Services sind bekanntlich On-Demand-Dienste. Deshalb gibt es ein kalkuliertes Risiko bei der Cloud Service Ressourcen Zuteilung der Provider. Denn auch sie wissen nicht genau wie hoch die Nachfrage nach einzelnen Dienstleistungen sein wird. Deshalb können sie auch nur nach bestimmten statistischen Prognosen eine Wahrscheinlichkeit berechnen. Wenn der Cloud Provider zuviel Hardware Ressourcen bereitstellt, hat er zuviel gebundenes Kapital und muss diesen Mehraufwand in die Mietpreise einkalkulieren. Kann aber im Gegenzug als „positiven Effekt" auf Ressourcenengpässe problemlos reagieren. Bei der Unterbesetzung der Ressourcen geht er das Risiko eines Lieferengpasses ein. Diese Tatsachen der Unter- oder Überbereitstellung von Ressourcen auf Seite des Providers führen kurz oder langfristig gesehen zu negativen Auswirkungen auf Seiten der Cloudkunden. Beispiele können sein: Nichtverfügbarkeit der Dienstleistung – Misserfolge in der Übergabe (Performance Verlust) von Dienstleistungen, sowohl in Echt- und nicht Echtzeit. Zutrittskontrollsystemgefährdung:

Cloud Computing Finanzplatz Schweiz – Chancen und Risiken. Von Stefan Ruchti
www.fhnw.ch/wirtschaft

54

welches die Vertraulichkeit und Integrität der Daten in Gefahr bringen. Wirtschafts- und Reputations-Verluste: Wegen Nichterfüllung der Kundennachfrage, Verletzung der SLA, Cascading Service Ausfall, etc. Dieses Risiko kann auch die Folge einer DDoS-Attacke sein. Siehe [→vgl. Risiko/T7]

T.2 Isolationsfehler

Wahrscheinlichkeit	Niedrig (Private Cloud)	Vergleich zur traditioneller IT: höher
	Mittel (Public Cloud)	
Impact	Sehr hoch	Vergleich zur traditioneller IT: höher
Sicherheitslücken	V.5 Hypervisor Schachstelle	
	V.6 Mangel der Ressourcen Isolation	
	V.7 Fehlende Reputationsrisiken Isolation	
	V.17 Möglichkeit der internen (Cloud) Portscanns	
	V.18 Möglichkeit des Auskundschaftung andere Cloud Kunden	
Betroffene Vermögenswerte	A.1 Unternehmen Image	
	A.2 Kundenvertrauen	
	A.5 Persönliche sensible Daten	
	A.6 Persönliche Daten	
	A.7 Persönliche kritische Daten	
	A.9 Service Delivery – Echtzeit Dienste	
	A.10 Service Delivery	
Risiko	HOCH	

[Quelle: ENISA, 2009]

„Mandantenfähigkeit und gemeinsam genutzte Ressourcen sind zwei Merkmale von Cloud Computing-Umgebungen. Rechenleistung, Speicher und Netzwerk werden von mehreren Benutzern gemeinsam genutzt. Dieses beschriebene Risiko beinhaltet das Versagen der Trennungsmechanismen innerhalb der gemeinsam genutzten Infrastruktur (z.B. durch sogenannte Gast-Hopping Attacken [→Lit./18], [11]SQL Injektion Angriffe oder [12]Seitenkanal Attacken). Zu beachten ist, dass die Wahrscheinlichkeit in einer Private Cloud niedrig ist, wobei bei einer Public Cloud mit einer mittleren Wahrscheinlichkeit gerechnet werden muss. Der Impact dieses Risikos kann einen Verlust von wertvollen oder sensiblen Daten,

---

[11] SQL-Injektion (dt. *SQL-Einschleusung*) bezeichnet das Ausnutzen einer Sicherheitslücke in Zusammenhang mit SQL-Datenbanken, die durch mangelnde Maskierung oder Überprüfung von Metazeichen in Benutzereingaben entsteht. [→Quelle: Wikipedia)

[12] Seitenkanalattacke (engl. *side channel attack*) bezeichnet eine kryptoanalytische Methode, die die physikalische Implementierung eines Kryptosystems in einem Gerät (z. B. einer Chipkarte, eines Security-Tokens oder eines Hardware-Sicherheitsmoduls) oder in einer Software ausnutzt. [→Quelle: Wikipedia]

Cloud Computing Finanzplatz Schweiz – Chancen und Risiken. Von Stefan Ruchti
www.fhnw.ch/wirtschaft

55

Imageverlust, Rufschädigung und Service-Unterbrechung für Cloud Anbieter und Ihre Kunden zur Folge haben. „ [→Lit./1 Seite:35,36].

T.3 Mitarbeiter beim Cloud Provider – Missbrauch von Administrationsrechten

Wahrscheinlichkeit	Mittel	Vergleich zur traditioneller IT: Höher
Impact	Sehr hoch (höher als traditionelle IT)	Vergleich zur traditioneller IT: Gleich
Sicherheitslücken	V.1 Triple-A Schwachstellen	
	V.10 Unmöglichkeit der Datenverarbeitung in verschlüsselter Form	
	V.34 Unklare Aufgaben und Verantwortlichkeit	
	V.35 Ungenügende Durchsetzung der Rollendefinition	
	V.36 Need-to-know Prinzip nicht angewandt	
	V.37 Physische Sicherheitsverfahren unzureichend.	
	V.39 System oder Betriebssystem Schwachstellen	
	V.48 Sicherheitslücken in Anwendungen oder beim Patch Management	
Betroffene Vermögenswerte	A.1 Unternehmens Image	
	A.2 Kundenvertrauen	
	A.3 Mitarbeiter Loyalität	
	A.4 Geistiges Eigentum	
	A.5 Persönliche sensible Daten	
	A.6 Persönliche Daten	
	A.7 Persönliche kritische Daten	
	A.8 HR Daten	
	A.9 Service Delivery – Echtzeit Dienste	
	A.10 Service Delivery	
Risiko	HOCH	

[Quelle: ENISA, 2009]

Böswillige Aktivitäten eines Insiders könnten einen Einfluss auf die Vertraulichkeit, Integrität und Verfügbarkeit aller Art von Daten und allen Arten von Dienstleistungen und damit den Ruf des Providers, das Vertrauen der Kunden und die Mitarbeiter haben. Es ist eine Tatsache das Cloud Computing Architekturen Mitarbeiter Rollen mit extrem hohem Risiko erforderlich machen Beispiele für solche Rollen sind: Systemadministratoren, Wirtschaftsprüfer und bei den gehandelten Security Services der Umgang mit Intrusion-Detektion-Berichte und Incident-Response. (...)[→Lit./1 Seite:36,37].

Cloud Computing Finanzplatz Schweiz – Chancen und Risiken. Von Stefan Ruchti
www.fhnw.ch/wirtschaft

56

T.4 Kompromittieren des Management Interface

Wahrscheinlichkeit	Mittel	Vergleich zur traditioneller IT: Höher
Impact	Sehr hoch	Vergleich zur traditioneller IT: Höher
Sicherheitslücken	V.1 Triple-A Schwachstellen V.4 Remote Zugang zum Management Interface V.38 Fehler Konfigurationen V.39 System oder Betriebssystem Schachstellen V.48 Sicherheitslücken in Anwendungen oder beim Patch Management	
Betroffene Vermögenswerte	A.1 Unternehmens Image A.2 Kundenvertrauen A.5 Persönliche sensible Daten A.6 Persönliche Daten A.7 Persönliche kritische Daten A.9 Service Delivery – Echtzeit Dienste A.10 Service Delivery	
Risiko		

[Quelle: ENISA, 2009]

"Die Kundenmanagement-Schnittstelle der Public Cloud-Anbieter ist dem Internet ausgesetzt und vermittelt den Zugang zu einer größeren Menge an Ressourcen (im Gegensatz zu traditionellen Hosting Providern) und stellt somit ein höheres Risiko dar." [→Lit./1 Seite/37] Besondere Aufmerksamkeit ist den Remote Zugriffstechnologien und Web-Browser Schwachstellen zu schenken.

T.5 Daten abfangen, Abhören bei der Übertragung (Sniffing, Spoffing, Man-in-the Middle-Attacken).

Wahrscheinlichkeit	Mittel	Vergleich zur traditioneller IT: Höher
Impact	Sehr hoch	Vergleich zur traditioneller IT: Gleich
Sicherheitslücken	V.1 Triple-A Schwachstellen V.8 Schwachstellen in der Kommunikationsverschlüsselung V.9 Fehlende oder schwache Verschlüsslung von Archiven und Daten be der Übermittlung V.17 Möglichkeit der internen (Cloud) Portscanns V.18 Möglichkeit des Auskundschaftung andere Cloud Kunden V.31 Mangel an Vollständigkeit und Transparenz in Nutzungsbedingungen	
Betroffene Vermögenswerte	A.1 Unternehmens Image A.2 Kundenvertrauen	

Cloud Computing Finanzplatz Schwez – Chancen und Risiken. Von Stefan Ruchti
www.fhnw.ch/wirtschaft

57

	A.4 Geistiges Eigentum
	A.5 Persönliche sensible Daten
	A.6 Persönliche Daten
	A.7 Persönliche kritische Daten
	A.8 HR Daten
	A.23 Backup/ archivierte Daten
Risiko	MITTEL

[Quelle: ENISA, 2009]

Bei Cloud Computing insbesondere bei Public Cloud, spielen verteilte Architekturen eine große Rolle. Dies bedeutet, dass im Gegensatz zu herkömmlichen Infrastrukturen ein größerer Datenfluss stattfindet. Die Daten werden weltweit oft auf mehrere physische oder virtuelle Infrastrukturen repliziert und es findet ein erhöhter Datenstrom zwischen der Cloud Infrastruktur und dem Remote Web Client statt etc. Normalerweise befindet sich der Datenfluss in einem verschlüsselten, sicheren, virtual private network (VPN) (Tunneltechnologien), dort wo dies nicht der Fall ist, kann sich ein Risiko in Bezug auf Zunahme verschiedener Abhörmethoden erhöhen. Sniffing, Spoffing, Man-in-the Middle-Attacken, Side channel und Replay-Angriffe sollten als mögliche Bedrohungsquellen betrachtet werden. Darüber hinaus bietet die Vertraulichkeit der Cloud Provider in einigen Fällen keine, oder eine ungenügende Geheimhaltungserklärung. Diese soll dem Kunden und dessen geheimen Informationen den notwendigen Respekt zusichern, sowie das Know-how das in der Cloud zirkuliert gewährleisten. Dieses Risiko besteht natürlich auch im Umfang einer Migration bei der Datenübertragung bei einem Providerwechsel [→Lit./1 Seite/38].

T.6 Unsicheres oder wirkungsloses löschen von Daten

Wahrscheinlichkeit	Mittel	Vergleich zur traditioneller IT: Höher
Impact	Sehr hoch	Vergleich zur traditioneller IT: Höher
Sicherheitslücken	V.20 Empfindliche Medien Desinfektion	
Betroffene Vermögenswerte	A.5 Persönliche sensible Daten	
	A.6 Persönliche Daten	
	A.7 Persönliche kritische Daten	
	A.12 Berechtigungsnachweise	
Risiko	MITTEL	

[Quelle: ENISA, 2009]

Mit diesem Risiko ist das unsichere oder wirkungslose Löschen von Daten gemeint. Zum Beispiel; wenn sich eine Bank oder Versicherung für einen anderen Cloud Provider in einer Public Cloud mit der Annahme, dass die Daten problemlos zu einem anderen Provider migriert wurden, entscheidet. Das Risiko besteht nun darin, dass die Daten beim alten

Cloud Computing Finanzplatz Schweiz – Chancen und Risiken. Von Stefan Ruchti
www.fhnw.ch/wirtschaft

58

Provider nicht vollständig gelöscht werden (Whip-Prozess). Dies resultiert aus der Ressourcenteilung, da sich auf der gleichen Harddisk noch andere Kundendaten befinden. Eine saubere Löschung kann von Standard-API nicht unterstützt werden. Bei hochsensiblen Daten sollten also besondere Verfahren eingehalten werden, die eine vollständige Löschung der Daten ermöglicht und in den security policy verbindlich definiert werden. Beim Einsatz einer effektiven Verschlüsslung der Daten minimiert sich das Risiko natürlich erheblich.

T.7 Distributed Denial of Service (DDOS)

Wahrscheinlichkeit	Kunde: Mittel	Vergleich zur traditioneller IT: kleiner
	Provider: Niedrig	Vergleich zur traditioneller IT: N/A
Impact	Kunde: Hoch	Vergleich zur traditioneller IT: höher
	Provider: Sehr hoch	Vergleich zur traditioneller IT: kleiner
Sicherheitslücken	V.38 Fehler Konfigurationen	
	V.39 System oder Betriebssystem Schachstellen	
	V.53 Unangemessene oder falsch Konfigurierte Ressourcen Filterung	
Betroffene Vermögenswerte	A.1 Unternehmens Image	
	A.2 Kundenvertrauen	
	A.9 Service Delivery – Echtzeit Dienste	
	A.10 Service Delivery	
	A.14 Cloud Service Management Interface	
	A.16 Netzwerk	
Risiko	Mittel	

[Quelle: ENISA, 2009]

Bei einer absichtlich herbeigeführten Serverüberlastung geschieht dies in der Regel mit der Absicht, einen oder mehrere bereitgestellte Dienste negativ zu beeinflussen, Ressourcen zu blockieren oder völlig arbeitsunfähig zu machen. Folge davon ist eine Senkung der Ausführungsgeschwindigkeit der Cloud Services, bis hin zur völligen Nichtverfügbarkeit. Der Angriff erfolgt dabei meist koordiniert von einer größeren Anzahl anderer Systeme.

In diesem Zusammenhang ist auch das Risiko der wirtschaftlichen (Econimomic Denial of Service EDOS) Angriffe zu nennen. Es existieren verschiedenartige Szenarien in denen ein Cloud Kunde, Ressourcen der anderen Partei auf bösartige Weise Schaden kann, um damit einen negativen wirtschaftlichen Impact auf die Konkurrenz auszuüben. Beispiel: Ein Cloud Kunde stellt einen öffentlichen Cloud Service ins Netz, dieser wird vom Provider per HTTP-Anforderungen abgerechnet. Wenn nun ein Dritter auf diesen http Web-dienst eine DDOS Attacke startet, kann dies zu erheblichem finanziellem Mehraufwand seitens des Cloud

Cloud Computing Finanzplatz Schweiz – Chancen und Risiken. Von Stefan Ruchti
www.fhnw.ch/wirtschaft

59

Kunden führen (mit dem Ziel diesem finanziell zu schaden). Im schlimmsten Fall könnte hier der Konkurs eintreten.

T.8 Verlust des Encryption Schlüssel

Wahrscheinlichkeit	Niedrig	Vergleich zur traditioneller IT: N/A
Impact	Hoch	Vergleich zur traditioneller IT: Höher
Sicherheitslücken	V.11 Schlechtes Schlüssel Management	
	V.12 Schlüsselgenerierung: LOW Entropie für Random Number Generation	
Betroffene	A.4 Geistiges Eigentum	
Vermögenswerte	A.5 Persönliche sensible Daten	
	A.6 Persönliche Daten	
	A.7 Persönliche kritische Daten	
	A.8 HR Daten	
	A.12 Berechtigungsnachweise	
Risiko		

[Quelle: ENISA, 2009]

„Dazu gehören die Offenlegung des geheimen Schlüssels (SSL, PKI, Verschlüsselung von Daten, Private Key, etc.) oder Passwörter, der Verlust oder die Beschädigung dieser Schlüssel oder deren Nutzung durch Unbefugte, für die Authentifizierung und die Nachweisbarkeit (digitaler Signaturen)." [→Lit./1 Seite/41,42].

T.9 Ausführen von Maleware oder Netzwerk-Scans

Wahrscheinlichkeit	Mittel	Vergleich zur traditioneller IT: Niedriger
Impact	Mittel	Vergleich zur traditioneller IT: Niedriger
Sicherheitslücken	V.17 Möglichkeit der internen (Cloud) Portscanns	
	V.18 Möglichkeit des Auskundschaftung andere Cloud Kunden	
Betroffene	A.1 Unternehmens Image	
Vermögenswerte	A.2 Kundenvertrauen	
	A.9 Service Delivery – Echtzeit Dienste	
	A.10 Service Delivery	
Risiko		

[Quelle: ENISA, 2009]

„Ausführen von Malware (sogenannter Schadenssoftware) oder Netzwerk Scans, sowie das Mapping von Netzwerklaufwerken, sollten als indirekte Bedrohungen der Vermögenswerte in Betracht gezogen werden. Sie können dazu verwendet werden, dass ein Hacker versucht Informationen zu sammeln, um einen Zugriff aufs System zu planen. Eine mögliche

Cloud Computing Finanzplatz Schweiz – Chancen und Risiken. Von Stefan Ruchti
www.fhnw.ch/wirtschaft

60

Auswirkung könnte den Verlust von Vertraulichkeit, Integrität und Verfügbarkeit von Services und Daten zur Folge haben." [→Lit./1 Seite/37]

T.10 Kompromittieren der Service Engine

Wahrscheinlichkeit	Niedrig
Impact	Sehr hoch
Sicherheitslücken	V.5 Hypervisor Schachstelle
	V.6 Mangel der Ressourcen Isolation
Betroffene Vermögenswerte	A.5 Persönliche sensible Daten
	A.6 Persönliche Daten
	A.7 Persönliche kritische Daten
	A.8 HR Daten
	A.9 Service Delivery – Echtzeit Dienste
	A.10 Service Delivery
Risiko	MITTEL

[Quelle: ENISA, 2009]

„Jede Cloud Architektur basiert auf einer hoch spezialisierten Plattform, der Service Engine, die über den physischen Hardware-Ressourcen sitzt. Diese verwaltet Kundenressourcen auf verschiedenen Ebenen der Abstraktion. Wie jede andere Software-Schicht, kann auch der Engine-Code Schwachstellen haben und ist dadurch anfällig für Angriffe oder unerwartete Fehler. Ein Angreifer könnte die Service Engine kompromittieren, aus dem Inneren einer virtuellen Maschine heraus, bei IaaS, der Laufzeitumgebung bei PaaS und aus den Applikation Pools bei SaaS oder durch das Ausnutzen von Schwachstellen bei den Schnittstellen APIs." [→Lit./1 Seite/43]

T.11 Konflikte zwischen dem Kunden und der Cloud Umgebung

Wahrscheinlichkeit	Niedrig
Impact	Mittel
Sicherheitslücken	V.23 SLA Klauseln mit widersprüchliche Versprechen
	V.31 Mangel an Vollständigkeit und Transparenz in Nutzungsbedingungen
	V.34 Unklare Aufgaben und Verantwortlichkeit
Betroffene Vermögenswerte	A.4 Geistiges Eigentum
	A.5 Persönliche sensible Daten
	A.6 Persönliche Daten
	A.7 Persönliche kritische Daten
Risiko	MITTEL

[Quelle: ENISA, 2009]

Cloud Computing Finanzplatz Schweiz – Chancen und Risiken. Von Stefan Ruchti
www.fhnw.ch/wirtschaft

61

In einigen Fällen sind Cloud Kunden davon ausgegangen, dass der Cloud Provider die volle Verantwortung für ihre Daten und Ressourcen trägt. Folglich delegierten sie alle Aktivitäten betreffend der Sicherheit die Ihre Daten gewährleisten, an den Cloud Provider. Dieser Aufklärungsmangel seitens des Cloud Providers, sowie des Cloud Kunden stellt für diesen ein zusätzliches Risiko dar. Cloud Kunden müssen zwingend erkennen, dass sie die Verantwortung für ihre Daten und Ressourcen selbst tragen.

Cloud Provider stellen mehreren Kunden eine Multi-Tennante Umgebung zur Verfügung. Diese gemeinsame Ressourcennutzung von virtuellen Servern und Netzwerken können Interessenskonflikte verursachen. Nehmen wir an, zwei Kunden sind gemeinsam auf einer traditionellen Netzwerk-Infrastruktur. Der eine Kunde möchte dass in der Firewall ein bestimmter Port geöffnet wird, der andere Kunde möchte dies aus Sicherheitsüberlegungen überhaupt nicht. Wer von den Beiden wird sich durchsetzen? Diese Interessenskonflikte können die Anzahl der Cloud Kunden des Cloud Providers auf bestimmte Kundengruppen eingrenzen, weil für jede Gruppe zusätzliche Infrastrukturen bereitgestellt werden müssen, die voneinander technologisch und organisatorisch getrennt sind. Diese Zusatzinvestitionen können sich auf die Wirtschaftlichkeit der gesamten Cloud Systeme negativ auswirken [→Lit./1 Seite/44].

4.2.2 Organisatorische Risiken (O)

O.1 Compliance Veränderungen

Wahrscheinlichkeit	Sehr hoch	Vergleich zur traditioneller IT: Höher
Impact	Hoch	Vergleich zur traditioneller IT: Gleich
Sicherheitslücken	V.13 Mangel und Standardisierten Technologien und Lösung	
	V.25 Audit oder Zertifizierung für den Cloud Kunden nicht vorhanden	
	V.26 Zertifizierung Schema nicht an die Cloud Infrastruktur angepasst	
	V.29 Datenspeicherung in verschiedenen Rechtsgebieten und Mangel an Transparenz	
	V.30 Informationsmangel über die Gerichtsbarkeit (Jurisdiktion)	
	V.31 Mangel an Vollständigkeit und Transparenz in Nutzungsbedingungen	
Betroffene Vermögenswerte	A.20 Zertifizierungen	
Risiko	HOCH	

[Quelle: ENISA, 2009]

Cloud Computing Finanzplatz Schweiz – Chancen und Risiken. Von Stefan Ruchti
www.fhnw.ch/wirtschaft

62

Bei einigen bestimmten Organisationen die schon in die Cloud migriert haben, sind erhebliche Investitionen in eine Zertifizierung vorgenommen worden. Entweder um sich Wettbewerbsvorteile zu verschaffen, oder Industriestandards oder reglementierte Anforderungen zu erfüllen. Diese Investitionen können als Migrationsgefahr in die Wolke gesehen werden. In bestimmten Fällen kann es bedeuten, dass mit einer öffentlichen Cloud Infrastruktur bestimmte Anforderungen an die Compliance nicht erreicht und somit, die in der Cloud gehosteten Dienste nicht die benötigten Leistungen erbringen werden können.
[→Lit./1 Seite/29,30]

O.2 Governace Verlust

Wahrscheinlichkeit	Sehr hoch	Vergleich zur traditioneller IT: Höher
Impact	Sehr hoch (abhängig vom Unternehmen) (IaaS Sehr hoch, SaaS Niedrig)	Vergleich zur traditioneller IT: Gleich
Sicherheitslücken	V.13 Mangel und Standardisierten Technologien und Lösung V.14 Keine Vereinbarungen über Quellcode Hinterlegung bei einem Treuhänder V.16 Keine Kontrolle über den Schwachstellen Bewertungsprozess V.21 Synchronizing Verantwortung oder vertragliche Verpflichtungen außerhalb der Cloud V.22 Versteckte Abhängigkeiten von Supply-Chain-Dienstleistungen V.23 SLA Klauseln mit widersprüchliche Versprechen V.25 Audit oder Zertifizierung für den Cloud Kunden nicht vorhanden V.26 Zertifizierung Schema nicht an die Cloud Infrastruktur angepasst V.29 Datenspeicherung in verschiedenen Rechtsgebieten und Mangel an Transparenz V.30 Informationsmangel über die Gerichtsbarkeit (Jurisdiktion) V.31 Mangel an Vollständigkeit und Transparenz in Nutzungsbedingungen V.34 Unklare Aufgaben und Verantwortlichkeit V.35 Ungenügende Durchsetzung der Rollendefinition V.44 Unklarer Vermögensbesitz	
Betroffene Vermögenswerte	A.1 Unternehmens Image A.2 Kundenvertrauen A.3 Mitarbeiter Loyalität A.5 Persönliche sensible Daten A.6 Persönliche Daten A.7 Persönliche kritische Daten A.9 Service Delivery – Echtzeit Dienste A.10 Service Delivery	
Risiko	HOCH	

Cloud Computing Finanzplatz Schweiz – Chancen und Risiken. Von Stefan Ruchti
www.fhnw.ch/wirtschaft

63

Bei der Benutzung von Cloud-Infrastrukturen treten einige wichtige Fragen auf, welche die Sicherheit beeinträchtigen können. Zum Beispiel kann der Cloud Provider Port-Scans, Schwachstellenanalyse und Penetrationstests verbieten. Wenn der Provider keine solchen sicherheitsrelevanten Dienste (SLAs) anbietet, können große Lücken in proaktiven Sicherheitsabwehrmaßnahmen auftreten. Ein Risiko kann auch dort auftreten, wo der Cloud Provider Leistungen an dritte Anbieter auslagert (andere Provider), die eventuell nicht die gleichen Garantieleistungen erbringen. Folgenden Beispiel zur Verdeutlichung: Die Partner des Providers speichern Kundendaten in einem Rechtsraum, mit schwächeren Datenschutzbestimmungen. Der Verlust der Steuerung und Kontrolle kann sich potenziell sehr stark auf die Strategie der Organisation auswirken und damit auf die Fähigkeit, ihre Aufgaben und Ziele zu erreichen. Außerdem kann eine Unmöglichkeit der Erfüllung der Sicherheitsanforderungen, zu einem Mangel an Vertraulichkeit, Integrität und Verfügbarkeit der Daten führen. [→Lit./1 Seite/28,29]

O.3 Lock-In

Wahrscheinlichkeit	Hoch	Vergleich zur traditioneller IT: Höher
Impact	Mittel	Vergleich zur traditioneller IT: Gleich
Sicherheitslücken	V.13 Mangel und Standardisierten Technologien und Lösung V.31 Mangel an Vollständigkeit und Transparenz in Nutzungsbedingungen V.46 Schlechte Provider Auswahl V.47 Mangel an Lieferanten Redundanz	
Betroffene Vermögenswerte	A.1 Unternehmens Image A.5 Persönliche sensible Daten A.6 Persönliche Daten A.7 Persönliche kritische Daten A.9 Service Delivery – Echtzeit Dienste A.10 Service Delivery	
Risiko	HOCH	

Lock-In beschreibt das Risiko der zu starken Bindung eines Cloud Anwenders an einen Provider. Die Umstände, dass es zurzeit nur wenige Werkzeuge, Verfahren, Standarddatenformate oder Service-Schnittstellen gibt, die Daten- und Service Portabilität gewährleisten können (obwohl einige Initiativen existieren [→Lit./21]) macht es extrem schwierig für einen Cloud Anwender von einem Anbieter zum Anderen, oder Daten und Dienste von einer Inhouse IT-Umgebung in die Cloud zu migrieren. Cloud Anbieter können also einen Anreiz haben, direkt oder indirekt zu verhindern, dass Daten und Dienstleistungen

Cloud Computing Finanzplatz Schweiz – Chancen und Risiken. Von Stefan Ruchti
www.fhnw.ch/wirtschaft

64

ihrer Kunden die Übertragbarkeit gewährleisten und schaffen somit eine risikoreiche Kundenbindung. Diese potenzielle Abhängigkeit und Bindung an einen bestimmten Cloud Provider ist als sehr riskant einzustufen. Nehmen wir nun einmal an, der Cloud Provider geht Konkurs. Gerade in einem solchen Fall, wenn dann auch noch keine Frühwarnsysteme eingebaut sind und das Folgeprojekt im Ernstfall zu einem anderen Provider zu migrieren, enorm aufwändig wird (sowohl finanziell als auch zeitlich betrachtet), kann dies zu einer Katastrophe führen.

Daten und Code-Portabilität: Daten und Quellcode sollten im Idealfall vollständig auf andere Provider oder zurück ins eigene Unternehmen transportierbar sein. Noch fehlende Standards, Schnittstellen und Protokolle können sehr hohe Migrationskosten verursachen, und zu ungewollten Bindungen an Cloud Provider führen.

Der Umfang und die Art des Lock-in kann man je nach Cloud Art differenzieren und verschiedene Auswirkungen haben.

SaaS-Lock-in: Die Kundendaten werden in der Regel in Benutzer definierten Datenbanken die durch die SaaS Anbieter entwickelt wurden gespeichert. Die meisten SaaS Anbieter bieten Applikation-Programming-Interfaces-Aufrufe (API) an, um den Datenexport zu gewährleisten. Auch wenn es sich meistens auf beiden Seiten um dasselbe Datenformat handelt zum Beispiel XML können die Daten-Mappings des Providers anders definiert sein als die des Cloud Anwenders. Wenn der Anbieter aber gar keine Export-Routine bereitstellt, ist der Cloud Anwender gezwungen eine eigene kostenintensive Portabilitätssoftware zu entwickeln. Es besteht die Möglichkeit, dass sich der Cloud Provider an den Kosten beteiligt. Bei der Rückführung der Daten ins eigene Haus stellt sich dieselbe Frage der Import Routine. Wird eine solche nicht vom Provider angeboten, sind wieder teure Eigenentwicklungen nötig. Als Cloud Kunde ist dieser Aspekt als wichtiges Entscheidungskriterium für die Migration zu bewerten. Es ist von großem Interesse Daten Portabilität einfach, komplett und kostengünstig zu ermöglichen. Applikation Lock-in, ist die offensichtlichste Form von Lock-in (nicht nur speziell bei Cloud Computing). SaaS Anbieter entwickeln typischerweise eine benutzerdefinierte Anwendung, die auf die Bedürfnisse einer bestimmten Zielgruppe abgestimmt ist. SaaS –Kunden mit einem großen Einsatz von SaaS Applikationen können bei einer Migration zu einem anderen SaaS Provider sehr hohe Umstellungskosten, sowie hohe Benutzer Umschulungskosten entstehen.

PaaS-Lock-in: Erfolgt sowohl auf API-Ebene (plattformspezifischen API-Aufrufe) als auch auf der Komponentenebene. Beispiel: Ein PaaS Provider bietet eine hoch effiziente Back-End Lösung um Daten zu speichern an. Nicht nur die Kunden entwickeln Codes mithilfe von

Cloud Computing Finanzplatz Schweiz – Chancen und Risiken. Von Stefan Ruchti
www.fhnw.ch/wirtschaft

65

Benutzerdefinierten APIs. Auch der Provider hat Codes implementiert die für den Routine Datenzugriff auf seine Back-End Lösungen zugeschnitten sind. Dieser Code ist nicht unbedingt auf andere PaaS Anbieter übertragbar, auch wenn ein scheinbar kompatibler API Standard angeboten wird. Die Datenzugriffsmodelle können also unterschiedlich sein (z.B. relationale v Hashing). Zusammengefasst: Es findet ein PaaS Lock-in auf der API Schicht statt, d.h. verschiedene Anbieter setzen verschiedene APIs ein.

IaaS-Lock-in: Variiert abhängig von den spezifischen Infrastruktur-Services. Beispielsweise wird ein Cloud Anwender der einen Cloud-Storage Service beansprucht, nicht durch eine Inkompatibilität verschiedener virtueller Maschinenformate beeinträchtigt. IaaS Computing Provider bieten normalerweise Hypervisor-basierte virtuelle Maschinen an. Die Software und die VM-Metadaten sind für die Portabilität, in der Regel innerhalb der gleichen Cloud, gebündelt. Die Migration zwischen verschiedenen Anbietern ist nicht unbedeutend; bis zum Zeitpunkt an dem offene Standards, wie [13]OVF, angenommen werden. [→Lit./1 Seite/25-28]

O.4 Image Verlust aufgrund von Mit-Mieter Aktivitäten

Wahrscheinlichkeit	Niedrig
Impact	Hoch
Sicherheitslücken	V.5 Hypervisor Schachstelle
	V.6 Mangel der Ressourcen Isolation
	V.7 Fehlende Reputationsrisiken Isolation
Betroffene	A.1 Unternehmens Image
Vermögenswerte	A.5 Persönliche sensible Daten
	A.6 Persönliche Daten
	A.7 Persönliche kritische Daten
	A.9 Service Delivery – Echtzeit Dienste
	A.10 Service Delivery
Risiko	

[Quelle: ENISA, 2009]

Das Teilen von Ressourcen bedeutet, ein gewisses Risiko bösartiger Aktivitäten, die von einem anderen Mieter der gleichen Cloud Infrastruktur durchgeführt werden, mit dem Ziel das Image des Konkurrenten gezielt zu Schwächen. Zum Beispiel durch: Spamming und Port-Scanning. Diese Aktivitäten können zu Blockierungen von IP-Adressen führen, was Mitbewerber schaden kann. Ein monopolistisch und finanziell starkes Unternehmen könnte anderen Cloud Mit-Mietern kurzfristig Ressourcen wegmieten. Die erhöhte Nachfrage kann zu starken Preisschwankungen und Ressourcen Engpässen führen. [→Lit./1 Seite/30,31]

---

[13] Das Open Virtualization Format (kurz OVF) ist ein offener Standard, um Virtual Appliances oder allgemeiner Software, die in virtuellen Maschinen läuft, zu verpacken und zu verteilen. Entwickelt wurde dieser Standard von der Distributed Management Task Force.

Cloud Computing Finanzplatz Schweiz – Chancen und Risiken. Von Stefan Ruchti
www.fhnw.ch/wirtschaft

66

O.5 Minderung oder Ausfall von Cloud Service Delivery

Wahrscheinlichkeit	Nicht Verfügbar	
Impact	Sehr hoch	Vergleich zur traditioneller IT: höher
Sicherheitslücken	V.31 Mangel an Vollständigkeit und Transparenz in Nutzungsbedingungen V.46 Schlechte Provider Auswahl V.47 Mangel an Lieferanten Redundanz	
Betroffene Vermögenswerte	A.1 Unternehmens Image A.9 Service Delivery – Echtzeit Dienste A.10 Service Delivery A.2 Kundenvertrauen A.3 Mitarbeiter Loyalität	
Risiko		

[Quelle: ENISA, 2009]

Wie in jedem neuen IT-Markt können durch den Wettbewerbsdruck, eine unzureichende Geschäftsstrategie, mangelnde finanzielle Unterstützung etc. einige Anbieter aus dem Geschäft gedrängt, oder zumindest dazu gezwungen werden ihr Angebot-Service-Portfolio zu restrukturieren. Es ist also möglich, dass kurz- oder mittelfristig einige Cloud Computing - Services beendet werden. Die Auswirkung dieser Bedrohung auf den Kunden kann man sich leicht vorstellen, da es zu einem Verlust oder Beeinträchtigung der Service Delivery Performance, Qualität und zu einem Verlust von Investitionen führen könnte. Der Cloud Kunde ist also der möglichen Fahrlässigkeit eines Cloud Providers ausgesetzt.

O.6 Cloud Provider Akquisitionen

Wahrscheinlichkeit	Nicht Verfügbar	
Impact	Mittel	Vergleich zur traditioneller IT: höher
Sicherheitslücken	V.31 Mangel an Vollständigkeit und Transparenz in Nutzungsbedingungen	
Betroffene Vermögenswerte	A.1 Unternehmens Image A.2 Kundenvertrauen A.3 Mitarbeiter Loyalität A.4 Geistiges Eigentum A.5 Persönliche sensible Daten A.6 Persönliche Daten A.7 Persönliche kritische Daten A.8 HR Daten A.9 Service Delivery – Echtzeit Dienste A.10 Service Delivery	
Risiko		

[Quelle: ENISA, 2009]

Cloud Computing Finanzplatz Schweiz – Chancen und Risiken. Von Stefan Ruchti
www.fhnw.ch/wirtschaft

67

„Übernahmen und Mergers von Cloud Anbietern können die Wahrscheinlichkeit eines Strategiewechsels erhöhen und nicht vertraglich bindende Vereinbarungen (z.B. Software-Schnittstellen, Wertpapieranlagen außervertragliche Sicherheitskontrollen etc.) zum Risiko für den Kunden werden lassen. Dies könnte es unmöglich machen Sicherheitsanforderungen zu erfüllen. Dies könnte für wichtige Unternehmenswerte wie Image, Vertrauen des Kunden, Loyalität der Mitarbeiter etc. schädlich sein." [→Lit./1 Seite/32]

O.7 Fehler im "Supply Chain"

Wahrscheinlichkeit	niedrig	Vergleich zur traditioneller IT: höher
Impact	mittel	Vergleich zur traditioneller IT: höher
Sicherheitslücken	V.22 Versteckte Abhängigkeiten von Supply-Chain-Dienstleistungen V.31 Mangel an Vollständigkeit und Transparenz in Nutzungsbedingungen V.46 Schlechte Provider Auswahl V.47 Mangel an Lieferanten Redundanz	
Betroffene Vermögenswerte	A.1 Unternehmens Image A.2 Kundenvertrauen A.5 Persönliche sensible Daten A.6 Persönliche Daten A.7 Persönliche kritische Daten A.9 Service Delivery – Echtzeit Dienste A.10 Service Delivery	
Risiko	MITTEL	

[Quelle: ENISA, 2009]

„Ein Cloud Computing-Anbieter kann bestimmte Fachaufgaben der „Produktions"-Kette an Dritte auslagern. Bei solchen Situationen ist die Sicherheit des Cloud Anbieters von den Sicherheitsbestimmungen Dritter abhängig, und es gilt das Gesetz des schwächsten Glieds der Supply Chain Kette. Jede Unterbrechung oder Korruption in der Kette, oder der Mangel an Koordination der Aufgaben zwischen allen Beteiligten, kann zu Nichtverfügbarkeit der Dienste, Verlust von Vertraulichkeit, Integrität und Verfügbarkeit, Wirtschafts- und Reputations-Verluste aufgrund Nichteinhaltung von Nachfrage Befriedigung, Verletzung von SLA oder den Cascading von Service-Ausfällen etc. führen. (…)

Im Allgemeinen kann ein Mangel an Transparenz in den Verträgen zu einem Problem für das gesamte System werden. Wenn ein Cloud Anbieter nicht erklären kann, welche Kern IT-Services ausgelagert werden und es unrealistisch ist, dem Cloud Endkunden eine Liste der Vertragspartner auszuhändigen - ist der Kunde am Schluss nicht fähig das Gesamtrisiko des

Cloud Computing Finanzplatz Schweiz – Chancen und Risiken. Von Stefan Ruchti
www.fhnw.ch/wirtschaft

68

Anbieters richtig zu bewerten. Dieser Mangel an Transparenz kann zu einem Vertrauensverlust zum Anbieter führen. „[→Lit./1 Seite/33]

Das Gesamtrisiko ist ergo die Summe der einzelnen Teilrisiken und verlangt nach hoher Transparenz und somit mehr Vertrauen.

4.2.3 Rechtliche Risiken (R)

R.1 Strafverfolgung und elektronische Beweissicherung (E-Discovery)

Wahrscheinlichkeit	Hoch
Impact	Mittel
Sicherheitslücken	V.6 Mangel der Ressourcen Isolation V.29 Datenspeicherung in verschiedenen Rechtsgebieten und Mangel an Transparenz V.30 Informationsmangel über die Gerichtsbarkeit (Jurisdiktion)
Betroffene Vermögenswerte	A.1 Unternehmens Image A.2 Kundenvertrauen A.5 Persönliche sensible Daten A.6 Persönliche Daten A.7 Persönliche kritische Daten A.9 Service Delivery – Echtzeit Dienste A.10 Service Delivery
Risiko	HOCH

[Quelle: ENISA, 2009]

Im Falle einer Beschlagnahme von physischer Hardware als Folge der Vorladung einer Strafverfolgungsbehörde oder Zivilklagen, bedeutet die Zentralisierung von Datenspeicherung sowie eine gemeinsame Miete von physischer Hardware immer eine Gefahr der Offenlegung der Kundendaten gegenüber unerwünschten Parteien. [→Lit./1 Seite/45]

Cloud Computing Finanzplatz Schweiz – Chancen und Risiken. Von Stefan Ruchti
www.fhnw.ch/wirtschaft

69

R.2 Risiken durch Wechsel des Gerichtsstands

Wahrscheinlichkeit	Sehr hoch
Impact	Hoch
Sicherheitslücken	V.29 Datenspeicherung in verschiedenen Rechtsgebieten und Mangel an Transparenz
	V.30 Informationsmangel über die Gerichtsbarkeit (Jurisdiktion)
Betroffene Vermögenswerte	A.1 Unternehmens Image
	A.2 Kundenvertrauen
	A.5 Persönliche sensible Daten
	A.6 Persönliche Daten
	A.7 Persönliche kritische Daten
	A.9 Service Delivery – Echtzeit Dienste
	A.10 Service Delivery
Risiko	HOCH

[Quelle: ENISA, 2009]

Kundendaten können in verschiedenen Ländern mit unterschiedlicher Jurisdiktion unter andere Gesetzesschwerpunkte fallen. Wenn Rechenzentren in Hochrisiko-Ländern in denen zum Beispiel die Rechtsstaatlichkeit fehlt, Länder mit einem unberechenbaren Rechtsrahmen und deren Durchsetzung, autokratische Polizeistaaten oder das nicht respektieren internationaler Vereinbarungen etc vorliegen. Könnte dies im Rahmen einer Strafverfolgung die Offenlegung von Kundendaten gegenüber Dritten ermöglichen. [→Lit./1 Seite/45,46]

R.3 Datenschutz Risiken

Wahrscheinlichkeit	Hoch
Impact	Hoch
Sicherheitslücken	V.29 Datenspeicherung in verschiedenen Rechtsgebieten und Mangel an Transparenz
	V.30 Informationsmangel über die Gerichtsbarkeit (Jurisdiktion)
Betroffene Vermögenswerte	A.1 Unternehmens Image
	A.2 Kundenvertrauen
	A.5 Persönliche sensible Daten
	A.6 Persönliche Daten
	A.7 Persönliche kritische Daten
	A.9 Service Delivery – Echtzeit Dienste
	A.10 Service Delivery
Risiko	HOCH

[Quelle: ENISA, 2009]

Cloud Computing birgt mehrere Risiken für den Datenschutz des Cloud Anwenders und des Cloud Anbieters. Es kann schwierig für die Cloud Kunden sein (in der Rolle als Data

Cloud Computing Finanzplatz Schweiz – Chancen und Risiken. Von Stefan Ruchti
www.fhnw.ch/wirtschaft

70

Controller) eine wirksame Kontrollierung der Datenverarbeitung zu gewährleisten. Die Cloud-Kunden können nur schwer sicher sein, dass die Daten vom Provider in rechtlich zulässiger Weise behandelt werden. Klar ist, dass die Verantwortung der Daten immer beim Cloud Anwender liegt, gerade wenn die Verarbeitung von den personenbezogenen Daten durch einen Cloud-Anbieter als externer Prozess durchgeführt wird. Die Nichteinhaltung des Datenschutzrechts, kann zu Verwaltungs-, Zivil- und auch von Land zu Land unterschiedlichen strafrechtlichen Sanktionen führen. Diese Problematik verschärft sich bei der Datenübertragung in Clouds, die sich über mehrere Länder erstrecken. [→Lit./1 Seite/46,47]

Wichtige Überlegungen bei Outsourcing Geschäften wie Cloud Computing sind auch zu beachten und im Schweizer Datenschutzgesetz (DSG) geregelt. Dies bezieht sich auf Datensicherheit und die Meldepflicht, wenn eine Datensammlung das Hoheitsgebiet der Schweiz verlässt. Bekanntgabe von Datentransfer ins Ausland setzt Gesetzgebungen mit angemessenem Schutz voraus.

Art. 6[1]   Grenzüberschreitende Bekanntgabe

[1] Personendaten dürfen nicht ins Ausland bekannt gegeben werden, wenn dadurch die Persönlichkeit der betroffenen Personen schwerwiegend gefährdet würde, namentlich weil eine Gesetzgebung fehlt, die einen angemessenen Schutz gewährleistet.

[2] Fehlt eine Gesetzgebung, die einen angemessenen Schutz gewährleistet, so können Personendaten ins Ausland nur bekannt gegeben werden, wenn:

a. hinreichende Garantien, insbesondere durch Vertrag, einen angemessenen Schutz im Ausland gewährleisten;

b. die betroffene Person im Einzelfall eingewilligt hat;

c. die Bearbeitung in unmittelbarem Zusammenhang mit dem Abschluss oder der Abwicklung eines Vertrags steht und es sich um Personendaten des Vertragspartners handelt;

d. die Bekanntgabe im Einzelfall entweder für die Wahrung eines überwiegenden öffentlichen Interesses oder für die Feststellung, Ausübung oder Durchsetzung von Rechtsansprüchen vor Gericht unerlässlich ist;

e. die Bekanntgabe im Einzelfall erforderlich ist, um das Leben oder die körperliche Integrität der betroffenen Person zu schützen;

f. die betroffene Person die Daten allgemein zugänglich gemacht und eine Bearbeitung nicht ausdrücklich untersagt hat;

g. die Bekanntgabe innerhalb derselben juristischen Person oder Gesellschaft oder zwischen juristischen Personen oder Gesellschaften, die einer einheitlichen Leitung unterstehen, stattfindet, sofern die Beteiligten Datenschutzregeln unterstehen, welche einen angemessenen Schutz gewährleisten.

ABBILDUNG 21: BUNDESGESETZ ÜBER DEN DATENSCHUTZ VOM 19 JUNI 1992, ART.6.

Cloud Computing Finanzplatz Schweiz – Chancen und Risiken. Von Stefan Ruchti
www.fhnw.ch/wirtschaft

71

Gewisse Datenübermittlungen ins Ausland müssen dem Eidgenössischen Datenschutz- und Öffentlichkeitsbeauftragten (EDÖB) gemeldet werden. Unter Umständen ist die Übermittlung nur nach Abschluss eines speziellen Vertrages erlaubt. In bestimmte Länder ist dies aber weitgehend problemlos machbar. Folgende Liste zeigt den weltweiten Stand des Datenschutzes aus Sicht des EDÖB.

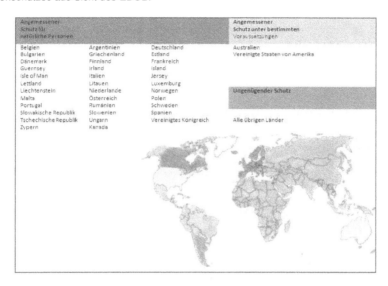

ABBILDUNG 22: DATENSCHUTZ INTERNATIONAL, EIGENE DARSTELLUNG ANGELEHNT AN DEN SCHWEIZERISCHEN DATENSCHUTZ EDÖB

Mit den Vereinten Nationen bestehen bestimmte bilaterale Abmachungen. Im Rahmen des Kooperationsforums Schweiz-USA für Handel und Investitionen wurde am 9. Dezember 2008 vom Eidgenössischen Datenschutz- und Öffentlichkeitsbeauftragten ein Briefwechsel zur Schaffung eines «U.S.-Swiss Safe Harbor Framework» unterzeichnet. Dieses bilaterale Rahmenwerk des Datenschutzes vereinfacht die Übermittlung von personenbezogenen Daten von Unternehmen in der Schweiz, zu Unternehmen in den USA. Neben den administrativen Erleichterungen für Unternehmen, werden auch die Datenschutzrechte der betroffenen Personen gestärkt.

Einige Cloud Anbieter informieren über die Datenverarbeitung die sie durchführen. Einige bieten auch eine zusammengefasste Zertifizierung ihrer Datenverarbeitung und

Cloud Computing Finanzplatz Schweiz – Chancen und Risiken. Von Stefan Ruchti
www.fhnw.ch/wirtschaft

72

Datensicherheitsaktivitäten an und zeigen auf, welche Form der Datenkontrolle bei ihnen im Einsatz ist. Beispiel. [14]SAS70 Zertifizierungen.

Je nachdem wie und an wen die Auslagerung einer Datenverarbeitung ins Ausland, „Outsourcing" erfolgt, müssen verschiedene Outsourcing-Konstellationen beachtet werden. Insbesondere bei der Datenauslagerung an im Drittland ansässige Auftraggeber, sind gemäß DSG geforderte Vertragsabschlüsse erforderlich. Beispiele:

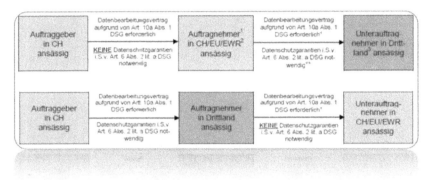

ABBILDUNG 23: DATENSCHUTZ KONSTELLATIONEN, QUELLE: BUNDESGESETZ ÜBER DEN DATENSCHUTZ (DSG)

Finanzinstitute sind sehr oft international tätige Unternehmungen, die in verschiedenen Ländern mit unterschiedlichen gesetzlichen Rahmenbedingungen konfrontiert werden. Finanzunternehmen die im schweizerischen Hoheitsgebiet operieren, sind Schweizer Recht unterworfen und müssen sich an das Bundesgesetz über den Datenschutz (DSG) halten. Im Artikel des DSG wird geregelt, wie mit Personendaten umgegangen werden muss, wenn diese die Schweiz in irgendwelcher Form verlassen. [→Lit./32].

---

[14] Ein SAS-70 Audit ist eine Bestätigung durch einen Certified Public Accountant CPA (Wirtschaftsprüfer, USA), dass ein Kontrollsystem vorhanden ist und funktioniert.

Cloud Computing Finanzplatz Schweiz – Chancen und Risiken. Von Stefan Ruchti
www.fhnw.ch/wirtschaft

73

R.4 Lizenzen Risiken

Wahrscheinlichkeit	Niedrig	Vergleich zur traditionellen IT: Höher
Impact	Mittel	Vergleich zur traditionellen IT: Höher
Sicherheitslücken	V.31 Mangel an Vollständigkeit und Transparenz in Nutzungsbedingungen	
Betroffene Vermögenswerte	A.1 Unternehmens Image A.9 Service Delivery – Echtzeit Dienste V.20 Empfindliche Medien Desinfektion	
Risiko	MITTEL	

[Quelle: ENISA, 2009]

Gewisse Lizenzvereinbarungen wie per-seat und Online-Lizensierungen sind in der Cloud schwer zu kontrollieren. Wenn beispielsweise Software auf einer Basis pro Instanz, bei jeder neuen Maschine abgerechnet wird, können die Lizenzkosten exponentiell ansteigen, obwohl sie mit der gleichen Anzahl von Lizenzen für die gleiche Dauer berechnet worden sind. Wie bei allem geistigen Eigentum ist ein mangelhaftes oder fehlendes Lizenzmanagement mit möglichen Folgen der Unter- oder Überlizenzierung verbunden. Bei Cloud Computing ist es als mittleres Risiko einzustufen. [→Lit./1 Seite/47]

4.2.4 Nicht Cloud spezifisch Risiken (U)

U.1 Netzwerk Unterbruch

Wahrscheinlichkeit	Niedrig	Vergleich zur traditionellen IT: Gleich
Impact	Sehr hoch	Vergleich zur traditionellen IT: Höher
Sicherheitslücken	V.6 Mangel der Ressourcen Isolation V.38 Fehler Konfigurationen V.39 System oder Betriebssystem Schachstellen V.41 Fehlende oder ungenügende Business Continuity und Disaster Recovery Pläne.	
Betroffene Vermögenswerte	A.9 Service Delivery – Echtzeit Dienste A.10 Service Delivery	
Risiko	MITTEL	

[Quelle: ENISA, 2009]

Ein Unterbruch des Netzwerks stellt ein sehr hohes Risiko dar (single point of failure), da es eine gleichzeitige Auswirkung auf sehr viele Cloud Kunden/Provider haben kann.

Cloud Computing Finanzplatz Schweiz – Chancen und Risiken. Von Stefan Ruchti
www.fhnw.ch/wirtschaft

74

U.2 Netzwerk-Management (Netzwerküberlastung, falsch Konfiguration des Netzwerks)

Wahrscheinlichkeit	Mittel	Vergleich zur traditioneller IT: gleich
Impact	Sehr hoch	Vergleich zur traditioneller IT: höher
Sicherheitslücken	V.6 Mangel der Ressourcen Isolation	
	V.38 Fehler Konfigurationen	
	V.39 System oder Betriebssystem Schachstellen	
	V.41 Fehlende oder ungenügende Business Continuity und	
	Disaster Recovery Pläne.	
Betroffene	A.1 Unternehmens Image	
Vermögenswerte	A.2 Kundenvertrauen	
	A.3 Mitarbeiterloyalität	
	A.9 Service Delivery – Echtzeit Dienste	
	A.10 Service Delivery	
	A.16 Netzwerk	
Risiko	HOCH	

[Quelle: ENISA, 2009]

U.3 Änderungen der Netzwerk TRAFFIC

Wahrscheinlichkeit	Niedrig
Impact	Hoch
Sicherheitslücken	V.2 Schwachstelle im Provisioning
	V.3 Schwachstelle im De-Provisioning
	V.8 Schwachstellen in der Kommunikationsverschlüsselung
	V.16 Keine Kontrolle über den Schwachstellen Bewertungsprozess
Betroffene	A.1 Unternehmensimage
Vermögenswerte	A.2 Kundenvertrauen
	A.5 Persönliche sensible Daten
	A.6 Persönliche Daten
	A.7 Persönliche kritische Daten
Risiko	

[Quelle: ENISA, 2009]

Gerade bei Netz basierten Services wie SaaS oder IaaS sind Vereinbarungen, SLA über eine bestimmte Performance geradezu ein Glückspiel. Das Einzige was man bestimmen kann, ist die Wahrscheinlichkeit einer starken Überlastung. Dies ist natürlich abhängig von der Bandbreite des WAN-Zugangs. Im Eigentlichen hat man keine Kontrolle über die Leistungsmerkmale von Services die übers Internet bezogen werden und es gibt nicht viele Möglichkeiten, die Leistung vom WAN Anschluss zum SaaS-Provider zu verbessern, sofern sie nicht ausdrücklich eine Art private Netzwerkverbindung zum Provider gewährleisten können. Ratsam ist aber immer eine Art Basic WAN / Cloud Performance testing, wie Pings, zu verschiedenen Zeiten und Orten durchzuführen, um die durchschnittliche Latenzzeit und

Cloud Computing Finanzplatz Schweiz – Chancen und Risiken. Von Stefan Ruchti
www.fhnw.ch/wirtschaft

75

Paketverlust festzustellen um mithilfe von „Traceroute" Befehlen die Routing Pfade auszumachen. Diese technologischen Aktionen bieten aber keine Fakten auf denen man Verbindlichkeiten aufbauen könnte.

U.4 Erweiterung der Privilegien (Privilegien Eskalation)

Wahrscheinlichkeit	Niedrig	Vergleich zur traditioneller IT: Niedriger
Impact	Hoch	Vergleich zur traditioneller IT: Höher (Provider seitig)
Sicherheitslücken	V.1 Triple-A Schwachstellen V.2 Schwachstelle im Provisioning V.3 Schwachstelle im De-Provisioning V.5 Hypervisor Schachstelle V.34 Unklare Aufgaben und Verantwortlichkeit V.35 Ungenügende Durchsetzung der Rollendefinition V.36 Need-to-know Prinzip nicht angewandt V.38 Fehler Konfigurationen	
Betroffene Vermögenswerte	A.5 Persönliche sensible Daten A.6 Persönliche Daten A.7 Persönliche A.8 HR Daten A.11 Zutrittskontrolle/ Authentifizierung A. 13 Benutzter Verzeichnis (Home Directory)	
Risiko		

[Quelle: ENISA, 2009]

Als Rechteausweitung, auch Rechteerhöhung, Privilegienerweiterung und Privilegieneskalation genannt, bezeichnet man die Ausnutzung eines Computerbugs bzw. eines Konstruktions- oder Konfigurationsfehlers einer Software mit dem Ziel, einem Benutzer oder einer Anwendung Zugang zu Ressourcen zu verschaffen, deren Nutzung mit eingeschränkten Rechten nicht möglich ist.

U.5 Social Engineering Attacken

Wahrscheinlichkeit	Mittel	Vergleich zur traditioneller IT: Gleich
Impact	Hoch	Vergleich zur traditioneller IT: Höher
Sicherheitslücken	V.2 Schwachstelle im Provisioning V.6 Mangel der Ressourcen Isolation V.8 Schwachstellen in der Kommunikationsverschlüsselung V.32 Mangel von Security Awareness V.37 Physische Sicherheitsverfahren unzureichend.	
Betroffene Vermögenswerte	A.1 Unternehmens Image A.2 Kundenvertrauen A.5 Persönliche sensible Daten	

Cloud Computing Finanzplatz Schweiz – Chancen und Risiken. Von Stefan Ruchti
www.fhnw.ch/wirtschaft

76

	A.6 Persönliche Daten
	A.7 Persönliche kritische Daten
	A.8 HR Daten
	A.11 Zutrittskontrolle/ Authentifizierung
	A.12 Berechtigungsnachweise
Risiko	**MITTEL**

[Quelle: ENISA, 2009]

Social Engineering (engl. eigentlich „angewandte Sozialwissenschaft", auch „soziale Manipulation") nennt man zwischenmenschliche Beeinflussungen mit dem Ziel, unberechtigt an Daten oder Dinge zu gelangen. Social Engineers spionieren das persönliche Umfeld ihres Opfers aus, täuschen falsche Identitäten vor, oder nutzen Verhaltensweisen wie Autoritätshörigkeit aus, um Dinge wie geheime Informationen oder unbezahlte Dienstleistungen zu erlangen. Meist dient Social Engineering dem Eindringen in ein fremdes Computersystem, um vertrauliche Daten einzusehen. Man spricht dann auch von Social Hacking.

U.6 Verlust oder Beeinträchtigung von operativer LOGS

Wahrscheinlichkeit	Niedrig	Vergleich zur traditionellen IT: Niedriger
Impact	Mittel	Vergleich zur traditionellen IT: Gleich (Kunden seitig)
Sicherheitslücken	V.1 Triple-A Schwachstellen	
	V.2 Schwachstelle im Provisioning	
	V.3 Schwachstelle im De-Provisioning	
	V.19 Mangel an forensischer Bereitschaft	
	V.39 System oder Betriebssystem Schachstellen	
	V.52 Mangel an Richtlinien oder schwache Verfahren für die Logs Erfassung und Speicherung	
Betroffene Vermögenswerte	A.21 Operative Logs (Kunden und Provider)	
Risiko	**MITTEL**	

[Quelle: ENISA, 2009]

U.7 Verlust oder Beeinträchtigung der Sicherheit LOGS (Manipulation der forensischen Untersuchungen)

Wahrscheinlichkeit	Niedrig	Vergleich zur traditionellen IT: niedriger
Impact	Mittel	Vergleich zur traditionellen IT: gleich
Sicherheitslücken	V.1 Triple-A Schwachstellen	
	V.2 Schwachstelle im Provisioning	
	V.3 Schwachstelle im De-Provisioning	
	V.19 Mangel an forensischer Bereitschaft	

Cloud Computing Finanzplatz Schweiz – Chancen und Risiken. Von Stefan Ruchti
www.fhnw.ch/wirtschaft

77

	V.39 System oder Betriebssystem Schachstellen
	V.52 Mangel an Richtlinien oder schwache Verfahren für die Logs Erfassung und Speicherung
Betroffene Vermögenswerte	A.22 Security Logs
Risiko	**MITTEL**

[Quelle: ENISA, 2009]

U.8 BACKUP Verlust oder Diebstahl

Wahrscheinlichkeit	Niedrig	Vergleich zur traditionellen IT: Niedriger
Impact	Hoch	Vergleich zur traditionellen IT: Gleich
Sicherheitslücken	V.1 Triple-A Schwachstellen	
	V.2 Schwachstelle im Provisioning	
	V.3 Schwachstelle im De-Provisioning	
	V.37 Physische Sicherheitsverfahren unzureichend	
Betroffene Vermögenswerte	A.1 Unternehmens Image	
	A.2 Kundenvertrauen	
	A.5 Persönliche sensible Daten	
	A.6 Persönliche Daten	
	A.7 Persönliche kritische Daten	
	A.8 HR Daten	
	A.9 Service Delivery – Echtzeit Dienste	
	A.10 Service Delivery	
	A.23 Backup/ archivierte Daten	
Risiko	**MITTEL**	

[Quelle: ENISA, 2009]

U.9 Unbefugter Zugang zu Räumen (einschließlich physischer Zugriff auf IT Infrastruktur und andere Anlagen)

Wahrscheinlichkeit	Sehr niedrig	Vergleich zur traditionellen IT: Niedriger
Impact	Hoch	Vergleich zur traditionellen IT: Höher
Sicherheitslücken	V.37 Physische Sicherheitsverfahren unzureichend	
Betroffene Vermögenswerte	A.1 Unternehmens Image	
	A.2 Kundenvertrauen	
	A.5 Persönliche sensible Daten	
	A.6 Persönliche Daten	
	A.7 Persönliche kritische Daten	
	A.8 HR Daten	
	A.9 Service Delivery – Echtzeit Dienste	
	A.10 Service Delivery	
	A.23 Backup/ archivierte Daten	
Risiko		

[Quelle: ENISA, 2009]

Cloud Computing Finanzplatz Schweiz – Chancen und Risiken. Von Stefan Ruchti
www.fhnw.ch/wirtschaft

78

Cloud Provider haben konzentrierte Ressourcen in großen Rechenzentren angesiedelt. Obwohl die Kontroll- und Sicherheitsanlagen dieser Gebäude stärker als herkömmliche Rechenzentren abgesichert sind, ist die Auswirkung einer Verletzung dieser Kontrolle höher.

U.10 Diebstahl von Computer Equipment

Wahrscheinlichkeit	Sehr niedrig	Vergleich zur traditioneller IT: Niedriger
Impact	Hoch	Vergleich zur traditioneller IT: Höher
Sicherheitslücken	V.37 Physische Sicherheitsverfahren unzureichend	
Betroffene Vermögenswerte	A.5 Persönliche sensible Daten A.6 Persönliche Daten A.7 Persönliche kritische Daten A.8 HR Daten	
Risiko		

[Quelle: ENISA, 2009]

U.11 Naturkatastrophen

Wahrscheinlichkeit	Sehr Niedrig	Vergleich zur traditionellen IT: Niedriger
Impact	Hoch	Vergleich zur traditionellen IT: Höher
Sicherheitslücken	V.41 Fehlende oder ungenügende Business Continuity und Disaster Recovery Pläne.	
Betroffene Vermögenswerte	A.1 Unternehmens Image A.2 Kunden Vertrauen A.5 Persönliche sensible Daten A.6 Persönliche Daten A.7 Persönliche kritische Daten A.8 HR Daten A.9 Service Delivery – Echtzeit Dienste A.10 Service Delivery A.23 Backup/ archivierte Daten	
Zuordnung	Verfügbarkeit	
Risiko		

[Quelle: ENISA, 2009]

Bei Cloud Computing ist die Gefahr die von Naturkatastrophen ausgeht im Vergleich zu herkömmlichen Infrastrukturen niedriger, da Cloud Provider mehrfach redundante Standorte und Netzwerk-Pfade standardmäßig betreiben.

Cloud Computing Finanzplatz Schweiz – Chancen und Risiken. Von Stefan Ruchti
www.fhnw.ch/wirtschaft

79

4.3 Schwachstellen (V)

Folgende Liste von Sicherheitslücken ist nicht abschliessend, sondern dient lediglich der groben Analyse für diese Arbeit. Sie enthält sowohl Cloud-spezifische, als auch allgemeine Sicherheitslücken. Sämtliche hier aufgeführten Schwachstellen entstammen den Aufzeichnungen nachfolgender Personen: DANIELE CATTEDDU and GILES HOGBEN, 2009. [online]: Cloud Computing: Benefits, risks and recommendations for information security (ENISA) eine Übersetzung aus dem Englischen den original Text finden Sie wie folgt [→Lit./1].

V.1 Triple-A Schwachstellen

Ein schwaches System für die Authentifizierung, Autorisierung und Abrechnung könnte nicht autorisierten Personen den Zugriff auf Ressourcen erleichtern. Privilegienerweiterung, Unmöglichkeit der Verfolgung des Missbrauchs und sonstige sicherheitsrelevante Zwischenfälle im Allgemeinen etc., erfolgen durch: unsichere Aufbewahrung von Cloud Zugangsdaten durch den Kunden, unzureichende Rollenzuteilung oder Anmelde Informationen, die auf einem unsicheren Medium gespeichert sind.

Durch die Auslagerung und somit Aussetzung von Unternehmensanwendungen ins Internet, macht Passwort-Basierte Authentifizierung Attacken wirkungsvoller. Deshalb sind einfache Passwort-Basierte Authentifizierungen als unzureichend einzustufen. Es werden stärkere, oder Zwei-Faktoren-Authentifizierungen für den Zugriff auf Cloud-Ressourcen erforderlich.

V.2 Schwachstelle im Provisioning

Der Kunde kann den Provisioning-Prozess nicht richtig kontrollieren. Die Identität des Kunden wird bei der Registrierung nicht ausreichend überprüft. Ein Auftreten von Verzögerungen bei der Synchronisation zwischen den Cloud Systemkomponenten. Mehrere unsynchronisierte Kopien von Identitätsdaten können entstehen. Identifikations-Merkmale sind anfällig für das Abfangen und die wiederholte Eingabe.

V.3 Schwachstelle im De-Provisioning

Beim Deaktivieren von Benutzerkonten kann es vorkommen, dass die Anmeldeinformationen wegen der zeitlichen Verzögerungen im Roll-out des Widerrufs immer noch gültig sind.

V.4 Remote Zugang zum Management Interface

Theoretisch erlaubt diese Schwachstelle bei den Endpunktmaschinen die Cloud-Infrastruktur (der Kunden oder der Cloud Provider) zu kompromittieren, zum Beispiel, schwache Authentifizierung der Antworten und Anfragen.

Cloud Computing Finanzplatz Schweiz – Chancen und Risiken. Von Stefan Ruchti
www.fhnw.ch/wirtschaft

80

V.5 Hypervisor Schwachstellen

Angriffe auf der Hypervisor Schicht sind sehr attraktiv. Der Hypervisior steuert die ganzen physischen Ressourcen, sowie die virtuellen Maschinen, so dass jede Schwachstelle in dieser Schicht extrem kritisch ist.

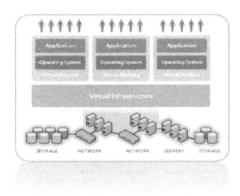

ABBILDUNG 24: VIRTUALIZATION ARCHITECTURE, QUELLE: WMWARE ONLINE 2011.

IT Sicherverantwortliche werden nicht von Anfang an in Virtualisierungsprojekte einbezogen. Die Schwachstellen der neuen Software-Schichten (Hypervisior und Virtual Maschine-Monitor) werden nicht richtig erkannt. Unsichtbarer Verkehr auf internen virtuellen Netzwerken zwischen VMs sind für Intrusion Detection Systeme nicht sichtbar. Applikationen mit unterschiedlichen Sicherheitsanforderungen laufen auf den gleichen physischen Servern. Zu wenig Kontrolle zum Zugang zu den Verwaltungswerkzeugen der Virtualisierungsschicht.

V.6 Mangel der Ressourcen Isolation

Ressourcen von Kunden können sich auf die Ressourcen von anderen Kunden auswirken. Cloud Computing Infrastrukturen IaaS sind meist architektonische Gebilde, in denen physische Ressourcen durch mehrere virtuelle Maschinen und von mehreren Kunden geteilt werden. Schwachstellen im Hypervisor-Sicherheitsmodell können unbefugten Zugriff auf freigegebene Ressourcen verschaffen. Zum Beispiel: Sind die virtuellen Maschinen und ihre virtuellen Festplatten von Kunde A und Kunde B in der gleichen LUN (Logical Unit Number) in einer SAN gespeichert, kann es sein, dass Kunde B in der Lage ist die virtuelle Festplatte und die darin enthaltenen Daten des Kunden A, auf seiner virtuellen Maschine zu sehen.

Cloud Computing Finanzplatz Schweiz – Chancen und Risiken. Von Stefan Ruchti
www.fhnw.ch/wirtschaft

81

Hypervisor in IaaS Clouds verwendet zahlreiche APIs, die die Cloud-Anbieter dazu verwenden, ein proprietäres Management zu entwickeln; Provisioning und Reporting-Schnittstellen, die ihren Kunden ausgesetzt sind. Schwachstellen in dem Hypervisor Sicherheitsmodell oder in den "Management-Schnittstellen" können unbefugten Zugriff, auf Kundendaten ermöglichen. Zur gleichen Zeit kann eine Schwachstelle auf diesem Niveau einem Angreifer erlauben, die Vermögenswerte innerhalb der Cloud-Infrastruktur zu manipulieren oder "Denial of Service" Attacken zu starten (z.b. herunterfahren von laufenden virtuellen Maschinen), Datenverlust (z.b. das Kopieren und die Übertragung von virtuellen Maschinen aus der Cloud heraus), Daten kompromittieren (z.b. Austauschen von virtuellen Maschinen mit modifizierten Kopien). Es kann ein direkter finanzieller Schaden im Sinne von, z.B. Replikation und die Markteinführung von Massen Kopien der virtuellen Maschinen entstehen.

Außerdem können Lücken in der Cloud Kartographiekontrolle sowie, Cross Seitenkanal Schwachstellen [→Lit./33] schwerwiegende Risiken für die Ressourcen Isolation darstellen. Zum Beispiel, wenn die Ressourcennutzung zwischen Kunde 1 und Kunde 2 nicht richtig getrennt ist. Hier könnte Kunde 1 die Ressourcen von Kunde 2 mappen.

V.7 Fehlende Isolation von Reputationsrisiken

Aktivitäten von einem Kunden können Auswirkungen auf die Reputation eines anderen haben.

V.8 Schwachstellen in der Kommunikationsverschlüsselung

Diese Sicherheitslücken betreffen die Möglichkeit des Lesens von Daten bei der Übertragung, zum Beispiel MITM-Angriffe, schlechte Authentifizierung, Akzeptanz von selbst signierten Zertifikaten etc.

V.9 Fehlende oder schwache Verschlüsselung von Archiven und Daten bei der Übermittlung

Unverschlüsselt gehaltene Daten in Archiven und Datenbanken, Images von virtuellen Maschinen die nicht in Gebrauch sind, forensische Abbildungen und Daten, Protokolle und andere sensible Daten könnten von Unbefugten eingesehen und anhand von Rückschlüssen und Auswertungen der sensiblen Daten, das produktive Cloud System angegriffen werden.

Cloud Computing Finanzplatz Schweiz – Chancen und Risiken. Von Stefan Ruchti
www.fhnw.ch/wirtschaft

82

V.10 Problematik der Echtzeit Datenverarbeitung in verschlüsselter Form

Die Verschlüsselung von archivierten Daten ist kein Problem. Trotz der jüngsten Fortschritte in der Homomrphic-Verschlüsselung [→Lit./34] sind die Aussichten auf eine angemessene Rechenzeit einer Verschlüsselung und Entschlüsselung während der aktiven Datenverarbeitung in Echtzeit immer noch zu langsam [→Lit./35].

V.11 Schlechtes Schlüssel Management

Cloud Computing-Infrastrukturen erfordern die Verwaltung und Speicherung von vielen verschieden Arten von Schlüsseln; Beispiele sind: Session-Keys für den Datentransport (z.B. SSL –Keys); Datenverschlüsselung, Schlüsselpaare für die Cloud Anbieter-Identifizierung, Schlüsselpaare für die Kundenidentifizierung, Autorisierungs-Token Zertifikate. Da virtuelle Maschinen nicht über eine feste Hardware-Infrastruktur verfügen und Inhalte einer Cloud eher geographisch verteilt werden, ist es schwieriger die Standard-Steuerelemente wie z.B. [15]Hardware Security Module (HSM) zu kontrollieren. Die Key-Management-Standards, wie PKCS#10 und die entsprechenden Normen wie PKCS#11 unterstützen keine standardisierte [16] wrappers Anwendung in verteilten Systemen.

V.12 Schlüsselgenerierung: LCW Entropie für Random Number Generation

Die Kombination von Standard-Images, Virtualisierungstechnologien bedeutet, dass Systeme viel weniger Entropie als physikalische Zufallsgeneratoren haben [→Lit./36]. Ein Angreifer könnte also aus generierten Schlüsseln einer virtuellen Maschine, auf den Private Key Verschlüsselungsschlüssel schließen. Und dies aus dem Grund, dass die Quellen der Entropie die verwendet werden um Zufallszahlen zu erzeugen, ähnlich sein könnten. Dies ist kein schwer zu lösendes Problem. Wird es jedoch im Systemdesign nicht berücksichtigt, kann dies zu erheblichen Schwachstellen im System führen.

---

[15] Der Begriff **Hardware-Sicherheitsmodul** (HSM) oder englisch **Hardware Security Module** bezeichnet ein (internes oder externes) Peripheriegerät für die effiziente und sichere Ausführung kryptographischer Operationen. Somit ermöglicht es, die Vertrauenswürdigkeit und die Integrität von Daten und den damit verbundenen Informationen in geschäftskritischen IT-Systemen sicherzustellen (Quelle Wikipedia).

[16] Als **Wrapper** bezeichnet man in der Informationstechnik ein Stück Software, welches ein anderes Stück Software umgibt. Wrapper werden aus Kompatibilitäts-, Sicherheits- oder architektonische Gründen eingesetzt.

Cloud Computing Finanzplatz Schwez – Chancen und Risiken. Von Stefan Ruchti
www.fhnw.ch/wirtschaft

83

V.13 Mangel von standardisierten Technologien und Lösungen

Ein Mangel an Standardisierung bedeutet eine starke negative Kundenbindung an einen bestimmen Anbieter. Sollte der Anbieter seinen Betrieb einstellen ist dies als großes Risiko zu identifizieren. Dies ist zu verhindern mit dem Einsatz von Managed Security Services.

V.14 Keine Vereinbarungen über Quellcode-Hinterlegung bei einem Treuhänder

Fehlende Hinterlegung des Quellcodes bedeutet: Dass wenn ein PaaS oder SaaS-Anbieter in Konkurs geht die Kunden, falls der Quellcode der Cloud Lösungen nicht bei einem Treuhänder hinterlegt wurde, nicht ausreichend geschützt sind. Der Verlust des Quellcodes kann ein hohes Risiko darstellen.

V.15 Ungenauer Modellbau der Ressourcennutzung

Cloud Services sind besonders anfällig für eine Erschöpfung der Ressourcen, da sie statisch bereitgestellt werden. Obwohl viele Provider den Kunden erlauben, Ressourcen im Voraus zu reservieren, kann es an den Ressourcen Provisioning-Algorithmen scheitern. Ungenaue Modellierung der Ressourcennutzung könnte zu Überbuchungen oder Über-Provisioning führen. Dies wiederum führt zu Ressourcenverschwendung seitens der Cloud Anbieter. Namhafte Ressourcenallokationen, Algorithmen sind: Token Bucket [→Lit./37], Fair Queuing [→Lit./38] und Class Based Queuing [→Lit./39]. Diese sind anfällig für eine Verzerrung der gerechten Ressourcennutzung. Ein Beispiel finden sie unter [→Lit./40].

V.16 Keine Kontrolle über den Schwachstellen Bewertungsprozess

Einschränkungen im Bereich Port-Scanning und der Überprüfung des Systems auf Schwachstellen ist ein schwerwiegendes Sicherheitsproblem. Einerseits muss sich der Kunde auf den Provider verlassen können, andererseits steht der Cloud Kunde in Selbstverantwortung den ausreichenden Schutz seiner sensiblen Daten betreffend. Dies kann bei einigen Fällen wegen starken Compliance Anforderungen in einer Cloud Umgebung zu erschwerten Bedingungen führen.

V.17 Möglichkeit der internen (Cloud) Portscanns

Cloud Kunden können Port-Scans und andere Tests auf andere Kunden innerhalb desselben LAN Netzwerkes durchführen.

Cloud Computing Finanzplatz Schweiz – Chancen und Risiken. Von Stefan Ruchti
www.fhnw.ch/wirtschaft

84

V.18 Möglichkeit der Auskundschaftung anderer Cloud Kunden

Bei Schwachstellen in der Isolation zwischen den verschiedenen Cloud Kunden, können Angreifer mithilfe von Side-Channel-Attacken Rückschlüsse darauf ziehen, welche Ressourcen von welchen einzelnen Cloud Kunden bezogen werden [→vgl./V.6].

V.19 Mangel an forensischer Bereitschaft

Die Cloud hat ein großes Potenzial um die forensische Bereitschaft zu verbessern. Viele Anbieter wollen jedoch nicht die erforderlichen Dienste und Nutzungsbedingungen umsetzen.

V.20 Empfindliche Medien Desinfektion

Verteilte physische Storage-Ressourcen bedeutet, dass bei sensiblen Daten keine richtige Löschungspolitik anwendbar ist. Aufgrund dessen, dass sich die Hardware noch immer im Lebenszyklus befindet und mit anderen Kunden geteilt wird, ist ein sauberes Löschen der Daten nicht möglich.

V.21 Synchronizing Verantwortung oder vertragliche Verpflichtungen außerhalb der Cloud

Kunden sind oft verunsichert über Zuständigkeiten im Hinblick der einzelnen Services. Es gibt Tendenzen einer falschen Zuweisung von Verantwortung für Aktivitäten im Bereich Verschlüsselung der Archiv-Daten, seitens der Cloud Provider, auch wenn es in den Vertragsbedingungen zwischen den Parteien deutlich ausgehandelt wurde.

V.22 Versteckte Abhängigkeiten von Supply-Chain-Dienstleistungen

Es bestehen versteckte Abhängigkeiten in der Supply-Chain-Dienstleistungskette (Interne-/Externe Cloud Abhängigkeiten), wenn der Cloud Provider, der eigentliche Cloud Architekturanbieter und seine Subunternehmen, oder Kunden, sich vom Service Provider trennen oder dies umgekehrt der Fall ist.

V.23 SLA Klauseln mit widersprüchlichen Versprechen

Vorhandene Widersprüche der in SLA definierten Vertragsverbindlichkeiten können sich unter Umständen zu Konflikten entwickeln.

Cloud Computing Finanzplatz Schweiz – Chancen und Risiken. Von Stefan Ruchti
www.fhnw.ch/wirtschaft

85

V.24 SLA Klauseln mit zu hohem Business Risiko

SLAs können zu viel Unternehmensrisiko bei einem Cloud Provider führen, gerade bei technologischen Risiken und Ausfällen. Aus Sicht des Cloud Kunden können sich im Bereich des geistigen Eigentums versteckte Risiken einschleichen gerade dann, wenn in einer SLA angegeben ist, dass der Cloud Provider die Rechte an den in der Cloud gespeicherten Daten hat.

V.25 Audit oder Zertifizierung für den Cloud Kunden nicht vorhanden

In einigen Fällen kann der Cloud Provider dem Cloud Kunden noch keine Audit Zertifizierungen gewähren. Einige Open Source-Hypervisor oder angepasste Versionen haben beispielsweise die Common Crirteria Zertifizierung nicht erfüllt. Ein wichtiger Standard der Voraussetzung ist einige Organisationen (z.B. US-Behörden) und erfüllt sein muss.

V.26 Zertifizierungsschema nicht an die Cloud Infrastruktur angepasst

Es gibt keine Cloud spezifisch kontrollierte Steuerung (Zertifizierungen), wahrscheinlich werden dabei die Cloud Sicherheitslücken nicht berücksichtigt.

V.27 Mangelhafte Ressourcenbereitstellung und Investitionen in die Cloud Infrastruktur

Investitionsprojekte für die Infrastruktur benötigen Zeit. Wenn wichtige Prognosemodelle fehlen, kann der Cloud-Provider Service für einen längeren Zeitraum ausfallen.

V.28 Keine oder ungenügende Policies für die Ressorcen

Wenn keine flexiblen und konfigurierbaren Möglichkeiten bestehen, die Ressourcennutzung zu limitieren (eine Art Mindestbestand) und somit vernünftige Grenzen festzulegen, kann dies problematisch für Cloud Provider, wie Cloud Kunde sein. Und das Prinzip von Angebot und Nachfrage erheblich stören.

V.29 Datenspeicherung in verschiedenen Rechtsgebieten und Mangel an Transparenz

In den meisten Fällen sind die Daten in der Cloud redundant an verschiedenen geographischen Orten gespiegelt. Der Cloud Kunde hat keine Echtzeit-Informationen in welchem Rechtsgebiet sich seine Daten gerade befinden. Unternehmen können also unwissentlich gegen Vorschriften verstoßen, insbesondere, wenn keine klare Information über die Daten Zuständigkeit und Datenstandort besteht.

Cloud Computing Finanzplatz Schweiz – Chancen und Risiken. Von Stefan Ruchti
www.fhnw.ch/wirtschaft

86

V.30 Informationsmangel über die Gerichtsbarkeit (Jurisdiktion)

Daten können im Umfeld von Rechtsordnungen gespeichert und/oder verarbeitet werden, in denen beispielsweise die Einbruchspuren von einer Attacke auf das System, dem Cloud Kunden nicht zur Verfügung stehen. Somit können keine geeigneten Maßnahmen zur Gegenwehr und proaktiven Verhinderung getroffen werden.

V.31 Mangel an Vollständigkeit und Transparenz in den Nutzungsbedingungen

Nicht Cloud spezifische Schwachstellen

Im Folgenden werden Schwachstellen identifiziert die nicht speziell Cloud spezifisch sind. Diese sollten dennoch vorsichtig in die Gesamtbeurteilung eines typischen Cloud-basierten Systems miteinbezogen werden

V.32 Mangel von Security Awareness

Cloud Kunden werden oft ungenügend über spezifische Cloud Risiken wie zum Beispiel Governace Verlust, Vendor Lock-in, erschöpfte Cloud Provider Ressourcen etc. aufgeklärt. Dieser Bewusstseinsmangel auf Seite der Cloud Kunden könnte dazu führen, dass keine bewussten Maßnahmen ergriffen werden, um diese Risiken zu minimieren.

V.33 Mangel an Personal Sicherheitsüberprüfungen

Da es sehr hohe privilegierte Rollen innerhalb eines Cloud Providers gibt, ist eine fehlende oder unzureichende Sicherheitsprüfung des Personals, in solch wichtigen Positionen eine ernst zu nehmende Lücke.

V.34 Unklare Aufgaben und Verantwortlichkeit

Diese Schwachstelle bezieht sich auf unzureichende Zuteilung von Rollen und Verantwortlichkeiten in der Cloud Provider Organisation.

V.35 Ungenügende Durchsetzung der Rollendefinition

Mitarbeiter bei einem Cloud Provider mit übermäßigen privilegierten Rollen, können zu einem „Klumpenrisiko" und letztlich bei Ausfall derer, zu hoher Systemanfälligkeit führen. Beispielsweise sollten keine einzelnen Personen Zugriffsrechte auf die ganze Cloud Infrastruktur haben.

Cloud Computing Finanzplatz Schweiz – Chancen und Risiken. Von Stefan Ruchti
www.fhnw.ch/wirtschaft

87

V.36 Need-to-know Prinzip nicht angewandt

Dies beschreibt den speziellen Fall einer Sicherheitsanfälligkeit bezüglich Rollen und Verantwortlichkeiten. Den verschiedenen Rollenparteien sollten nicht unnötige Zugriffe auf Daten gegeben werden, sondern nur auf die Daten, die sie effektiv für Ihre Arbeit benötigen.

V.37 Physische Sicherheitsverfahren unzureichend

Diese könnten sein: Mangel an Kontrolle physischer Perimeter (Smartcard-Authentifizierung), oder Mangel an elektromagnetischer Abschirmung um Lauschangriffe abzuwehren.

V.38 Fehler Konfigurationen

Zu dieser Klasse von Schwachstellen zählen eine unzureichende Anwendung von Sicherheitsmaßnahmen, Security Mindestanforderungen, falsche Konfigurationen von Systemen, menschliches Versagen und schlecht geschultes Administrations Personal.

V.39 System- oder Betriebssystemschwachstellen

V.40 Einsatz von Nicht-vertrauenswürdiger Software

V.41 Fehlende oder ungenügende Business Continuity und Disaster Recovery Pläne.

V.42 Fehlendes, unvollständiges oder ungenaues Asset Inventar.

V.43 Fehlende, schlechte oder unzureichende Einstufung der Aktiva

V.44 Unklarer Vermögensbesitz

V.45 Schlechte Kennzeichnung von Projektanforderungen

Dazu gehören eine mangelnde Berücksichtigung von Sicherheitsaspekten und rechtlichen Compliance-Anforderungen, kein Einbeziehen der Anwender von Systemen und Anwendungen etc.

V.46 Schlechte Providerauswahl

V.47 Mangel an Lieferantenredundanz

V.48 Sicherheitslücken in Anwendungen oder beim Patch Management

Cloud Computing Finanzplatz Schweiz – Chancen und Risiken. Von Stefan Ruchti
www.fhnw.ch/wirtschaft

88

Diese Sicherheitslücken beschreiben Fehler im Code von Anwendungen, Konflikte in den Patching-Verfahren, zwischen Anbieter und Kunde, Anwendung von ungeprüften Patches, Browser Schwachstellen etc.

V.49 Ressourcenverbrauch Schwachstellen

V.50 Verletzung von Geheimhaltungsverträgen seitens Provider

V.51 Haftung für Datenverlust (Seite Provider)

V.52 Mangel an Richtlinien oder schwache Verfahren für die Logs Erfassung und Speicherung

V.53 Unangemessene oder falsch konfigurierte Ressourcenfilterung

Cloud Computing Finanzplatz Schweiz – Chancen und Risiken. Von Stefan Ruchti
www.fhnw.ch/wirtschaft

89

4.4 Vermögenswerte (Asset)

Werteskala:

Sehr gering	☆
gering	☆☆
mittel	☆☆☆
hoch	☆☆☆☆
sehr hoch	☆☆☆☆☆

Asset		Betroffene Organe	Bewertung
A.1	Unternehmens Image	Cloud Kunde	☆☆☆☆☆
A.2	Kundenvertrauen	Cloud Kunde	☆☆☆☆☆
A.3	Mitarbeiter Loyalität	Cloud Kunde	☆☆☆☆
A.4	Geistiges Eigentum	Cloud Kunde	☆☆☆☆
A.5	Persönliche sensible Daten	Cloud Kunde/ Provider	☆☆☆☆☆
A.6	Persönliche Daten	Cloud Kunde/ Provider	☆☆☆☆
A.7	Persönliche kritische Daten	Cloud Kunde/ Provider	☆☆☆☆
A.8	HR Daten	Cloud Kunde	☆☆☆☆
A.9	Service Delivery – Echtzeit Dienste	Cloud Kunde/ Provider	☆☆☆☆☆
A.10	Service Delivery	Cloud Kunde/ Provider	☆☆☆
A.11	Zutrittskontrolle/ Authentifizierung	Cloud Kunde/ Provider	☆☆☆☆
A.12	Berechtigungsnachweise	Cloud Kunde	☆☆☆
A.13	Unser Verzeichnis (Home Directory)	Cloud Kunde	☆☆☆☆
A.14	Cloud Service Management Interface	Cloud Kunde/ Provider	☆☆☆
A.15	Management Interface APIs	Cloud Kunde/ Provider	☆☆☆
A.16	Netzwerk	Cloud Kunde/ Provider	☆☆☆☆
A.17	Hardware	Cloud Kunde/ Provider	☆☆☆
A.18	Gebäude	Cloud Kunde/ Provider	☆☆☆☆
A.19	Cloud Provider Application /Source Code)	Cloud Kunde/ Provider	☆☆☆☆
A.20	Zertifizierungen	Cloud Kunde/ Provider	☆☆☆☆
A.21	Operative Logs (Kunden und Provider)	Cloud Kunde/ Provider	☆☆☆
A.22	Security Logs	Cloud Kunde/ Provider	☆☆☆
A.23	Backup/ archivierte Daten	Cloud Kunde/ Provider	☆☆☆

Cloud Computing Finanzplatz Schweiz – Chancen und Risiken. Von Stefan Ruchti
www.fhnw.ch/wirtschaft

90

5. Umfrage Daten Analyse – Finanzplatz Schweiz

5.1 Umfrage Struktur

Befragungsort:	Online unter http://ww3.unipark.de/uc/CloudComputing/
Zeitraum:	6 Wochen (15.12.2010 bis zum 01.02.2011)
Befragungstyp:	Anonym
Befragte:	318 Entscheidungsträger aus Schweizer Finanzinstituten.
Ausschöpfungsquote :	Netto 20/ 6.29%

Aufgrund der relativ kleinen Stichprobe erhebt diese Marktbefragung keineswegs den Anspruch darauf „repräsentativ" zu sein. Die Entscheidungsträger wurden zufällig ausgewählt und über Ihre Meinung zu Cloud Computing und den möglichen Chancen und Risiken befragt. Es wurde davon ausgegangen und darauf hingewiesen, dass die Umfrage Teilnehmer Grund-Kenntnisse über Cloud Computing besitzen sollten.

5.2 Die Entscheidungsträger

Die befragten Personen setzten sich wie folgt zusammen: [8%] sind in der Funktion als Geschäftsführer tätig, [15%] sind IT Verantwortliche (CIO), [39%] haben Führungsfunktionen im Kaufmännischen Bereich, [23%] aus der technologischen Führung und [15%] haben sich als sonstige Entscheider erklärt.

„Die Online Umfrage Teilnehmer..."

[Frage]: In welcher Funktion sind Sie in Ihrem Unternehmen tätig?

- 8%
- 15%
- 23%
- 39%
- 15%

- Geschäftsführer
- Leiter Informatik, Leiter IT oder Leiter der EDV (CIO)
- andere Führungsfunktionen im kaufmämischen Bereich
- andere Führungsfunktionen im technischen Bereich
- sonstige

Cloud Computing Finanzplatz Schweiz – Chancen und Risiken. Von Stefan Ruchti
www.fhnw.ch/wirtschaft

91

5.2 Die Unternehmen

5.2.1 Branche, Unternehmensgrößen

Der prozentuale Anteil der befragten Entscheidungsträger, setzten sich wie folgt zusammen: [19%] aus Großbanken, [7%] aus Kantonal-, [7%] Raiffeisenbanken, [20%] Schadensversicherungen, [20%] aus Lebensversicherungen, [7%] All Finanz und [20%] aus sonstige Finanzinstituten.

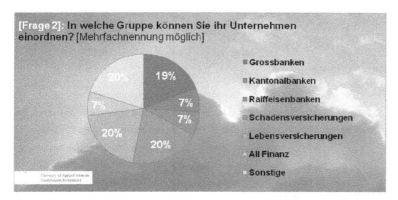

Gemessen an der Zahl der Beschäftigten überwiegt der Anteil von [61%] bei Konzernen mit 2500 oder mehr Mitarbeitern, gefolgt von einem [15%]igen Anteil an Großfirmen mit einer Unternehmensgrösse von 999 -2499, Die KMUs setzten sich wie folgt zusammen: [8%] 250 -999 und [8%] 49 – 249 sowie [8%] weniger als 49 Mitarbeiter.

Cloud Computing Finanzplatz Schweiz – Chancen und Risiken. Von Stefan Ruchti
www.fhnw.ch/wirtschaft

92

5.2.2 Märkt und Produkte

Durch die Unterscheidung in welchen Finanzmärkten die Befragten Finanzinstitute tätig sind, ist abzuschätzen wie stark sie von den globalen oder inländischen Gesetzen, Normen und Vorschriften indirekt

„Nationale und internationale Märkte.."

oder direkt beeinflusst werden. Diese Frage konnte mit einer Mehrfachantwort beantwortet werden. Bei der Auswertung hat sich ein [26%]tiger gewichtiger internationaler und ein [74%]tiger Wert Anteil an Finanzmarkttätigkeiten im Inland ergeben.

Die folgende Grafik gibt Aufschluss darüber, in welche Geschäftsfelder sich die Tätigkeiten der befragten Firmen aufteilen.

Cloud Computing Finanzplatz Schweiz – Chancen und Risiken. Von Stefan Ruchti
www.fhnw.ch/wirtschaft

93

"Die Produkte
Leistungstiefe
(Make or
Buy)...?"

[46%] der befragten Finanzinstitute besitzt eine große Leistungstiefe und erstellt Ihre Produkte und Dienstleistungen weitgehend selber. [54%] der Produkte und Dienstleistungen werden zum Teil selber hergestellt und teilweise an externe Partner vergeben. Dabei wurden die Teilnehmer aufgefordert Ihre Aussage auf Ihre Kernprodukte/- Leistungen zu beschränken.

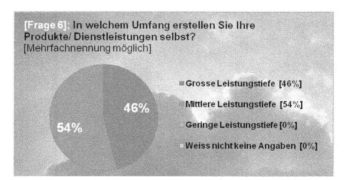

5.2.3 IT Organisation und Strategie

Der Fragebogen wurde mit [62%] aus organisatorischer Sicht des Gesamtunternehmens (unabhängiges Unternehmen) und mit [38%] aus der Sichtweise von Tochtergesellschaften (Unternehmen gehört zu

Cloud Computing Finanzplatz Schweiz – Chancen und Risiken. Von Stefan Ruchti
www.fhnw.ch/wirtschaft

94

einem größeren Unternehmen oder Konzern an) beantwortet.

„Aus welcher
Sichtweise
werden
Entscheidungen
getroffen...?"

Dabei können [17%] ihre grundlegenden Informatik-Entscheidungen in der Regel unabhängig vom Mutterhaus treffen und [66%] der Befragten Firmen werden in ihrer Entscheidung vom Mutterhaus beeinflusst. Die Restlichen [17%] haben keine Angaben darüber gemacht.

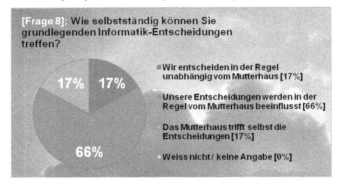

Die Organisation der IT ist mit [33%] in eine sektorale, also eine Teilung der Gesamtorganisation in einen kaufmännischen und technischen Bereich unterteilt. Mit anderen [33%] in Funktionalorganisationen also in eine Verrichtungsorientierte Aufbauorganisation.

„Wie ist die IT Abteilung organsiert?

Cloud Computing Finanzplatz Schweiz – Chancen und Risiken. Von Stefan Ruchti
www.fhnw.ch/wirtschaft

95

[17%] in eine Spartenorganisation wobei die Sparten als
selbstverantwortliche Einheiten/Profitcenters auftreten und „last but not
least" mit einem [17%] Anteil der Befragten die angegeben haben in
einer Matrixorganisation operieren.

[35%] verfolgen mittels Outsourcing das Ziel ihre Kosten zu senken.
[23%] setzen auf Diversifikation und einer Marktprofilierungsstrategie
die eine starke Wahrung des USP mittels Insourcing beeinhaltet.
Gefolgt von einem [30%]igen Anteil von Befragten, die eine Strategie
fahren, in dem Sie Ihre IT-Leistungen in Niedriglohnländer auslagern
(Offshoring).

**„Welche Sourcing
Strategien werden
verfolgt?"**

Im Vergleich mit einer Studie von PriceWaterhouse Coopers, in der
40 Finanzdienstleister aus allen Grössenklassen in Deuschland,
Österreich der Schweiz und Liechtenstein befragt wurden.

Cloud Computing Finanzplatz Schweiz – Chancen und Risiken. Von Stefan Ruchti
www.fhnw.ch/wirtschaft

96

„In den befragten Finanzinstitute1 wurde im Durchschnitt etwas mehr als die Hälfte des IT-Budgets für ausgelagerte Services und Services in Shared Service Centern (SSCs) verwendet. Der Trend zur Auslagerung ist ungebrochen und wird sich in den kommenden fünf Jahren fortsetzen. Weiteres Potenzial liegt vor allem in bis dahin weniger standardisierten Bereichen, wie zum Beispiel der Anwendungsentwicklung. Near- und Offshoring von IT-Dienstleistungen sind noch nicht weitverbreitet, nehmen aber langsam an Attraktivität zu und werden im Rahmen der Prüfung von zukünftigen IT-Investitionen in Abhängigkeit der Größe der jeweiligen Institute vermehrt in Betracht gezogen (im internationalen Vergleich verfügen Finanzdienst-Leistungsinstitute sogar über einen Near- und Offshore-Anteil von 30 bis 40 %)."[17]

Anhand einer Auswahlskala konnten die befragten Entscheidungsträger die Wichtigkeit von 15 unterschiedlichen IT Themen mit einem Zeithorizont von 24 Monaten mit 1 – 10 bewerten. (1=unwichtig, 10=sehr wichtig). Aus den Antworten kann angenommen und interpretiert werden, dass sich die Finanzinstitute auf größere Mobilität einstellen. Die Auswertungen zeigen, dass mittels Virtualisierung noch viel Einsparpotenzial vorhanden ist. Gerade bei zurzeit geplanten oder in der Ausführung befindlichen

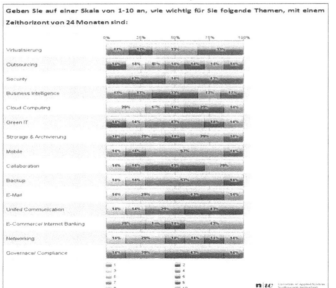

[17] IT Sourcing. PWC Studie, 2009 http://www.pwc.com/at/de/publikationen/financial-services/it-sourcing-aktueller-stand-entwicklung-strategien.pdf

Cloud Computing Finanzplatz Schweiz – Chancen und Risiken. Von Stefan Ruchti
www.fhnw.ch/wirtschaft

97

Projekten in diesem Bereich. Ein weiteres wichtiges Thema scheint die

Governace und Compliance einzunehmen. Den Antworten zufolge lässt sich darauf schließen, dass sich die Konzentration auf momentane Marktveränderungen im Bereich neuer Gesetze und Vorschriften Bsp. Basel III realistisch mit den Antworten decken.

Wenn man die Umfrageergebnisse mit einer Marktanalyse von Gartner international über alle Branchen hinweg (Top 10 Strategic Technologies for 2011 Cloud Computing) vergleicht. Bei Gartner steht Cloud Computing an erster Stelle wobei zu beachten ist, dass hier eigentlich die Virtualisierung als Technologie im Vordergrund, gefolgt von Mobile Applications and Media Tablets an zweiter, sowie Social Communications and Collaboration etc. an dritter Stelle steht[18] .

„Sind Ihre Daten klassifiziert?"

Welche Informationen und Daten, welche Art von Datenschutz- und Datensicherungsmaßnahmen in welchem Umfang erfordern, ist unter anderem davon abhängig, wie schutzwürdig die jeweiligen Daten sind. Um im Einzelfall schnell entscheiden zu können, bietet sich ein Schutzkonzept an, dass sich an dem 3-Stufen-Modell des Bundesamts für Sicherheit in der Informationstechnik (BSI) orientiert.

- normal: Die Schadensauswirkungen sind begrenzt und überschaubar.
- hoch: Die Schadensauswirkungen können beträchtlich sein.
- sehr hoch: Die Schadensauswirkungen können ein existenziell bedrohliches, katastrophales Ausmaß erreichen.

[→BSI-Standard 100-2 „IT-Grundschutz Vorgehensweise", Kapitel 4.3 „Schutzbedarfsfeststellung"]

Die Umfrage hat folgendes ergeben: Ob und in welchem Umfang Ihre Unternehmensdaten nach Schutzbedürftigkeit klassifiziert werden. Antwort: Bei [17%] der Unternehmungen ist die Schadensauswirkung durch Manipulation oder Verlust der Daten begrenzt und überschaubar. Weitere [17%] stufen einen Angriff auf Ihre Daten als eine hohe Schadensauswirkung ein. [49%] beantworten die Frage mit sehr hoch, also die Auswirkungen des Schadens können existenziell bedrohliche und katastrophale Ausmaße annehmen.

---

[18] Gartner Top 10 Strategic Technologies for 2011 [Gartner: online]

Cloud Computing Finanzplatz Schweiz – Chancen und Risiken. Von Stefan Ruchti
www.fhnw.ch/wirtschaft

98

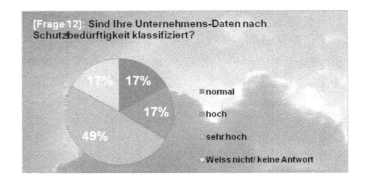

Professionelle IT-Anwender interessieren sich für das Cloud Computing. Doch Sie vertrauen den derzeit wichtigsten Anbietern nicht. Eine Umfrage von der Universität Darmstadt und dem Publizist Computerwoche aus Deutschland, hat 146 IT Experten mit einem [14%]igen Anteil an Finanzdienstleistern (Banken und Versicherungen) befragt. Ergeben hat sich, dass [57,55%] sensible Daten überhaupt nicht in eine Cloud verlagern würden.[19]

5.2.4 Governace und Compliance

Weniger IT-Budget, aber mehr Umsatz. Größere Skepsis gegenüber dem Social Networking, Cloud Computing und Mobile, als die großen Trends 2011: Dies ist das Ergebnis der Netzwoche-Umfrage unter den geladenen Gästen des Executive Forums, an der sich rund 100 IT-Exekutives von Anwender- und Anbieterseite beteiligt haben.[20]

„Beeinflussung des IT Budget durch regulatorische Änderungen?"

Unsere Umfrage hat ergeben: Bei [14%] wird das IT Budget erhöht und der entsprechenden Thematik angepasst. Bei [29%] der Befragten stagniert es für das kommende Jahr/Quartal. Bei [29%] werden die Gelder um ein minimales gekürzt und [28%] haben angegeben, dass ihr IT Budget beträchtlich gekürzt wird. Aus den Resultaten könnte man schließen, dass die Auswirkungen der Finanzkrise und die damit

---

[19] Quelle: CW-Marktstudie 2010: Cloud Computing
[20] Quelle: Netzwoche-Umfrage: IT-Kosten unter Druck, Mobile und Cloud im Trend

Cloud Computing Finanzplatz Schweiz – Chancen und Risiken. Von Stefan Ruchti
www.fhnw.ch/wirtschaft

99

verbundenen neu geschaffenen Anpassungen an reglementierende Gesetze, Vorschriften und Marktveränderungen einen starken Einfluss auf das Budget haben.

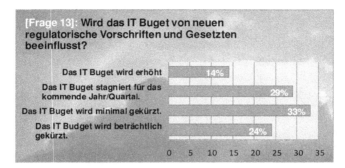

In den meisten Unternehmungen hält sich die Verantwortung über die IT Governace hält sich die Waage. Mit je einem Anteil von [43%] ist das Exekutive Management und zu [43%] das Non-exekutive Management zuständig. [14%] haben keine Angaben gemacht.

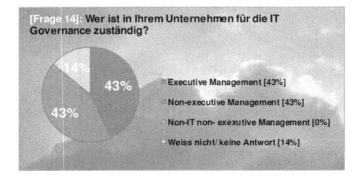

„Die Bedeutung von IT Governace"

IT-Governance liegt in der Verantwortung des Vorstands und des Managements und ist ein wesentlicher Bestandteil der Unternehmensführung. IT-Governance besteht aus Führung, Organisationsstrukturen und Prozessen, die sicherstellen, dass die IT die Unternehmensstrategie und -ziele unterstützt. Unter IT wird in diesem Zusammenhang die gesamte Infrastruktur verstanden, aber auch die Fähigkeiten und die Organisation, die die IT unterstützen und

Cloud Computing Finanzplatz Schweiz – Chancen und Risiken. Von Stefan Ruchti
www.fhnw.ch/wirtschaft

100

begründen Die Wichtigkeit von IT Governace wurde in dieser Umfrage wie folgt verstanden. Bei [29%] nimmt die IT Governace einen wichtigen, teilweise (ad hoc) implementierten Zustand ein. Bei [42%] können wir einen klaren Fokus auf definierte und identifizierte, sowie dokumentierte Prozesse feststellen. Die restlichen [29%] geben an, dass in ihren Unternehmungen noch eine Steigerung in der Messbarkeit und Optimierung der Prozesse feststellbar ist.

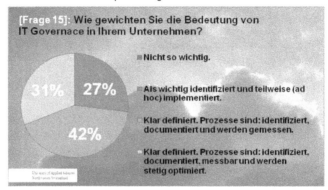

5.3 Cloud Computing

5.3.1 Allgemeine Fragen zu Cloud Computing

Die Mehrheit der Entscheider auf dem Finanzplatz Schweiz hat den Mehrwert von Cloud Computing erkannt und sich reichlich darüber informiert. [51%] Haben angegeben, dass sie sehr gute Informationen besitzen. [33%] sind gut informiert und jeweils [8%] haben sich teilweise oder gar nicht über Cloud Computing informiert.

„Wie hoch ist das
Cloud Computing
Know-how....?"

Cloud Computing Finanzplatz Schweiz – Chancen und Risiken. Von Stefan Ruchti
www.fhnw.ch/wirtschaft

101

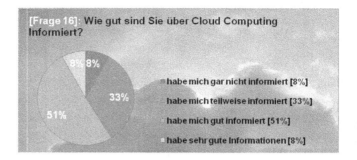

Umfrage XaaS Check 2010 – Status Quo und Trends im Cloud
Computing der Technischen Universität Darmstadt und IT Research.
Folgende Frage wurde gestellt: Was versteht man in Ihrem
Unternehmen unter dem Begriff Cloud Computing?
[Mehrfachnennungen waren möglich]. Folgende Umfrage-Resultate
wurden erzielt. Unter Cloud Computing wird mehrheitlich mit [20%]
Software-as-a-Service (SaaS) verstanden, gefolgt von [16,8%] mit
PaaS und [13,9%]mit everything-as-a-Service (XaaS) die restlichen
Prozente teilten sich die Aussagen, was sie unter Cloud Computing
verstehen mit: IT Architektur, IT Outsourcing Modell, Software-
Virtualisierung,   Software   Bereitstellungsmodell   und   Software-
Mietmodell. [21]

---

[21] Quelle: XaaS Check 2010 – Status Quo und Trends im Cloud Computing der Technischen
Universität Darmstadt und IT Research

Cloud Computing Finanzplatz Schweiz – Chancen und Risiken. Von Stefan Ruchti
www.fhnw.ch/wirtschaft

102

Über die allgemeine Einstellung haben die Umfrageteilnehmer auf die [Frage 17] zu Cloud Computing folgendes geantwortet: [8%] gehen davon aus, dass Cloud Computing in den nächsten 2 – 5 Jahren vom Markt verschwunden sein wird. [17%] sind ein wenig optimistischer und meinen, dass die neue Sourcing Strategie erst in 5 – 10 Jahren in der Finanzwelt Einzug findet. Weitere [17%] vertreten die Meinung, sich das Cloud Computing in 2 – 5 Jahren in der Finanzbranche durchsetzen könnte, jedoch nur in temporärer Form Anwendung und Einsatz finden wird. Die Mehrheit also [58%] ist jedoch positiv davon überzeugt, dass sich das neue IT Sourcing Modell in den nächsten 2 – 5 Jahren, als eine ergänzende IT Beschaffungskonzeption in der Finanzbranche flächendeckend etabliert.

„Wann wird sich Cloud Computing in der Finanzbrache etablieren...?

Die Cloud-Marktchancen und Prognosen im internationalen Vergleich: 71 Prozent der IT-Entscheider weltweit sind sich einig: Sie sehen in Cloud Computing eine echte Technologiechance, die ihnen hilft, sich auf ihr Kerngeschäft zu konzentrieren, schneller auf Markt- und Geschäftsveränderungen zu reagieren und ihre Flexibilität zu steigern. Zu diesem Ergebnis kam eine Studie unter mehr als 500 Managern und IT-Entscheidern in der Schweiz und 16 weiteren Ländern, die vom IT-Berater Avanade in Auftrag gegeben wurde.[22]

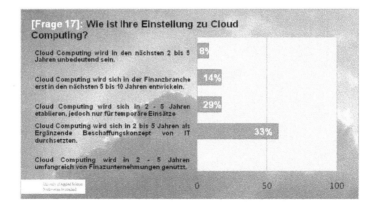

---

[22] Online: Cloud Computing: Sind Schweizer zu vorsichtig Studie von IT-Berater Avanade

Cloud Computing Finanzplatz Schweiz – Chancen und Risiken. Von Stefan Ruchti
www.fhnw.ch/wirtschaft

103

[17%] haben auf die Frage wie sie Cloud Computing, bezogen auf die IT Strategie gewichten, wie folgt geantwortet: Cloud Computing wird in den nächsten 1-2 Jahren weiterhin irrelevant für die IT Strategie bleiben. [25%] vertritt jedoch die Meinung, dass die Cloud im gleichen Zeitraum eine strategische Relevanz einnimmt. [50%] Sprechen von einem IT strategischen Einbezug, innerhalb von 2 – 5 Jahren und lediglich [8%] denken, dass es noch länger als 5 Jahre geht bis sich Cloud Computing in den IT Strategien aktiv wiederfindet.

„Cloud Computing IT Strategischen Einbezug innerhalb von 2 – 5 Jahren"

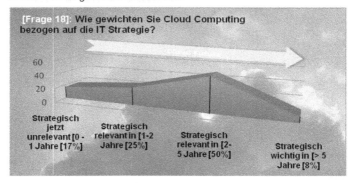

In der nächsten Frage wurden Informationen darüber eingeholt wie stark

Eine internationale Studie der Firma LogLogic unter Banken und anderen Finanzinstituten hat ergeben, dass die Befragung von einigen der weltweit größten Banken, Investmenthäusern und Versicherungsunternehmen zeigt, dass Finanzinstitute aktuell populäre Investitionen in IT-Infrastrukturen vermeiden. Dazu zählt insbesondere Cloud Computing aufgrund von Bedenken hinsichtlich Datensicherheit und Transparenz. [34%] der Befragten glauben, dass Cloud Computing für ihr Unternehmen nicht von strategischer Bedeutung ist, während [26%] der Meinung sind, dass ihr Unternehmen für Cloud Computing nicht genug risikobereit ist. [58%] der Befragten planen nur Investitionen in grundlegende IT-Funktionen wie Sicherheit und Compliance. Mehr als [75%] sind aufgrund der steigenden behördlichen Regulierung besorgt.[23]

In der nächsten Frage wurden Informationen darüber eingeholt wie stark

---

[23] 2010 Financial Services Industry Analysis- http://www.loglogic.com/resources/white-papers/concerns-for-information-security-in-a-down-economy/?utm_source=pr

Cloud Computing Finanzplatz Schweiz – Chancen und Risiken. Von Stefan Ruchti
www.fhnw.ch/wirtschaft

104

und in welcher Form Interesse besteht, für den Wissensaustausch betreffend Cloud Computing, bezogen auf seine Marktentwicklung, sowie Marktpräsenz. Die gewichtigsten Argumente stehen für fehlende Benchmarks und Best Practitises mit jeweils 23% und Musterprozessen mit [14%].

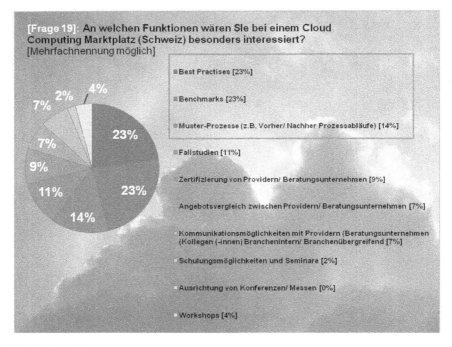

[Frage 19]: An welchen Funktionen wären Sie bei einem Cloud Computing Marktplatz (Schweiz) besonders interessiert?
[Mehrfachnennung möglich]

- Best Practises [23%]
- Benchmarks [23%]
- Muster-Prozesse (z.B. Vorher/ Nachher Prozessabläufe) [14%]
- Fallstudien [11%]
- Zertifizierung von Providern/ Beratungsunternehmen [9%]
- Angebotsvergleich zwischen Providern/ Beratungsunternehmen [7%]
- Kommunikationsmöglichkeiten mit Providern (Beratungsunternehmen (Kollegen (-innen) Branchenintern/ Branchenübergreifend [7%]
- Schulungsmöglichkeiten und Seminare [2%]
- Ausrichtung von Konferenzen/ Messen [0%]
- Workshops [4%]

5.3.2 Cloud Projekte

„Aktuelle Cloud Computing Projekte...?"

Die vielversprechenden Vorteile von Cloud Computing sind anscheinend ausschlaggebend, sodass sich die Hälfte [50%] der Befragten ernsthafte Gedanken darüber macht Cloud Computing in die langfristige Planung einzuschliessen. [19%] arbeiten schon an kleineren Pilotprojekten und Machbarkeitsstudien jedoch erst [7%] führen große Cloud Projekte aus oder sind in der Vorbereitungsphase dazu. Die restlichen [24%] verfolgen im Moment keine konkreten Cloud Ziele.

Cloud Computing Finanzplatz Schweiz – Chancen und Risiken. Von Stefan Ruchti
www.fhnw.ch/wirtschaft

105

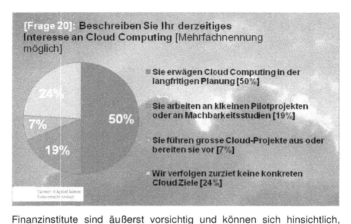

Finanzinstitute sind äußerst vorsichtig und können sich hinsichtlich, starker Kontrollpflichten wie gesetzliche Normen, Gesetze und Vorschriften stark eingeschränkt fühlen. Sie sehen keine Möglichkeiten und sind nicht dazu befugt, ihre Daten einfach in eine öffentliche Wolke zu migrieren. Der Focus steht in dieser Brache also klar im Zeichen der Private Cloud   mit den Zielen auf jeden Fall,   die Risiken wie: Governace Abwanderung, Manipulation oder Verlust über Ihrer Daten in jeder Hinsicht   zu vermeiden sowie um den hohen Datenschutz und Datensicherheitsstandards zu erfüllen. Mit der Frage in welcher Art von Cloud Sie momentan tätig sind oder anstreben gab [43%] die Antwort in einer Private Cloud in der das Rechenzentrum bei uns im Haus steht. [29%] Mit einer privat Cloud unser Rechenzentrum steht im eigenen Unternehmen wird aber von Dritten betrieben. Weitere [14%] erklärten, dass ihr Rechenzentrum komplett bei einem dritten Anbieter extern „gehostet" und betrieben wird. Die noch übrigen [14%] beschäftigen sich mit Projekten Cloud Community.

Cloud Computing Finanzplatz Schweiz – Chancen und Risiken. Von Stefan Ruchti
www.fhnw.ch/wirtschaft

106

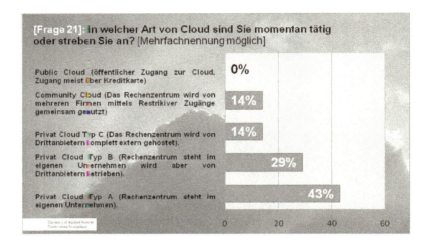

Die Umfrageanalyse hat ergeben, dass [7%] Cloud Computing im Bereich Software-as-a-Service (SaaS) bereits Nutzen, oder in der Planungsphase stehen. [40%] zeigen starkes Interesse an den Plattform übergreifenden Software Engineering Dienstleistungen (PaaS); stark ins Gewicht fallen mit [53%] (IaaS) also Rechenleistung und Storage etc. aus der Wolke. Die Fragen die über die Einzelheiten betreffend der Kern- und Supportprozessen, bei denen die Cloud Art und der Cloud Typ eingesetzt werden, konnten leider mangels beantworteter Fragen nicht ausgewertet werden.

„Welcher Cloud Type...?"

Cloud Computing Finanzplatz Schweiz – Chancen und Risiken. Von Stefan Ruchti
www.fhnw.ch/wirtschaft

107

IT-Compliance beschreibt in der Unternehmensführung die Einhaltung der gesetzlichen, unternehmensinternen und vertraglichen Regelungen im Bereich der IT-Landschaft. Die IT-Compliance ist im Zusammenhang mit der IT-Governance zu sehen, die das Thema um die Bereiche Controlling, Geschäftsprozesse und Management erweitert. IT-Compliance als Teilbereich fokussiert diejenigen Aspekte von Compliance-Anforderungen, welche die IT-Systeme eines Unternehmens betreffen. Zu den Compliance-Anforderungen in der IT gehören hauptsächlich Informationssicherheit, Verfügbarkeit, Datenaufbewahrung und Datenschutz. Bekanntlich wird der Finanzmarkt Schweiz, momentan, durch neue internationale und nationale Herausforderungen und Veränderungen stark unter Druck gesetzt. Diese Frage zielt punktuell auf die IT Compliance ab und soll Aufschluss darüber geben, inwiefern die Abhängigkeit von Compliance auf mögliche Cloud Projekte wahrgenommen wird. [14%] stufen die Bedeutsamkeit der IT Compliance „sehr hoch" ein, gefolgt von [58%] mit „hoch", [14%] stufen sie als mittel ein, und von weiteren [14%] wird die Wichtigkeit von gesetzlichen Vorschriften, bezogen auf Cloud Computing als „niedrig" betrachtet.

> „Ist Compliance und Cloud ein Wiederspruch ...?"

[Frage 23]: Wie stufen Sie die Wichtigkeit von gesetzlichen Vorschriften (IT Compliance) bezogen auf die Nutzung von Cloud Computingein ein?

- niedrig [14%]
- mittel [14%]
- hoch [58%]
- sehr hoch [14%]

Cloud Computing Finanzplatz Schweiz – Chancen und Risiken. Von Stefan Ruchti
www.fhnw.ch/wirtschaft

108

Sowohl beim Betrieb als auch bei der Nutzung von Cloud-Diensten ist die Einrichtung geeigneter Management-Verfahren unerlässlich. Um Skalierbarkeit und Zuverlässigkeit der Dienste zu erreichen, müssen Leistungen beschrieben, erbracht, kontrolliert und abgerechnet werden. Die Finanzbrache hat sich vorgenommen diese Aufgaben und

„Wie wird oder plant man die Cloud zu managen?"

Herausforderungen mit einem Mehrheitsanteil von [71%] mittels einer Cloud-Management Software zu begegenen. [2%] beforzugen dazu einen Cloud Broker Unternehmen. [3%] benanspruchen weiter Beratungsdienstleistungen. [24%] Sonstige.

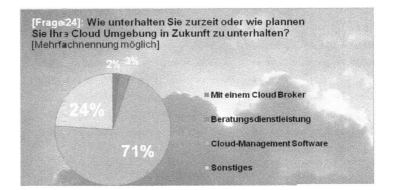

[Frage 24]: Wie unterhalten Sie zurzeit oder wie plannen Sie Ihre Cloud Umgebung in Zukunft zu unterhalten? [Mehrfachnennung möglich]

- Mit einem Cloud Broker
- Beratungsdienstleistung
- Cloud-Management Software
- Sonstiges

Cloud Computing Finanzplatz Schweiz – Chancen und Risiken. Von Stefan Ruchti
www.fhnw.ch/wirtschaft

109

Wenn es um die Auswahl von Consulting Deinstleistungen geht, haben sich 33% für eine explizite Cloud Strategieberatung, 44% für Set-up Implementierungen von Cloud Projekten entschieden. 23% haben mit sontigen Dienstleistungen geantwortet.

„Unter-
stützende
Cloud
Beratung?"

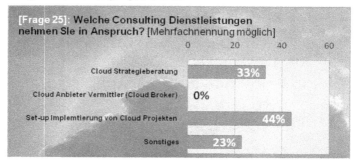

Grundsätzlich bieten Zertifizierungen einen Anhaltspunkt für Mindestqualitätsstandards des Anbieters. Bei einer sorgfältigen Auswahl und Prüfung des Cloud-Computing- bzw. SaaS-Anbieters sollte der Kunde aber nicht nur das Vorliegen von Zertifizierungen "abhaken", sondern auch den Inhalt der Zertifizierung und die tatsächlichen Verhältnisse zumindest ansatzweise näher prüfen.

„Zertifizierung
des Cloud
Anbieters…?"

Auf die Frage in welchen Bereichen die Finanzunternehmungen mit Cloud Computing schon tätig sind oder Einsatzmöglichkeiten planen, haben geantwortet: Die Herausragend Antworten befinden sich im Bereich der Server (Rechenkapazitäten) Auslagerung mit [22%], Speicherplatz

Cloud Computing Finanzplatz Schweiz – Chancen und Risiken. Von Stefan Ruchti
www.fhnw.ch/wirtschaft

110

(Storage) mit [15%] und im Weiteren fällt ein [11%] Anteil der die Anwendungsentwicklung mit Hilfe einer Plattform as a Service Lösung abdeckt auf.

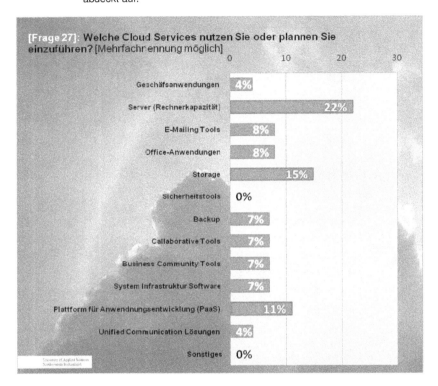

Cloud Computing Finanzplatz Schweiz – Chancen und Risiken. Von Stefan Ruchti
www.fhnw.ch/wirtschaft

111

Gerade bei Cloud Computing Projekten bei denen eine starke Führung, Organisationsstruktur und klare Prozesse sichergestellt werden müssen, ist die IT Governace nicht nur bei großen Konzernen und Unternehmungen ein wichtiges Instrument der IT, um die Unternehmensstrategie und Unternehmensziele zu unterstützen. Die IT Governace wird bei Cloud Computing als wichtiger und unabdingbarer Kontroll- und Führungsmechanismus, als wichtig bis sehr wichtig eingestuft. Mit Focus auf Private Cloud, die Form des Cloud Computing die in der Finanzwelt eine vorherrschende Rolle einnimmt, wird davon ausgegangen, dass nach der Einführung von Cloud Services keiner bis gar kein Kontrollverlust über die eigenen IT Ressourcen stattfinden wird. Die Umfrage hat ergeben das 57% der Befragten eine IT Governace in Cloud Computing Projekten als Wichtig und 43% erachten IT Governace als einen sehr wichtigen Aspekt bezogen auf Ihre Cloud Projekte.

„Die Wichtigkeit von Governace bei Cloud Computing...?"

[Frage 28]: Wie gewichten Sie die Wichtigkeit einer gezielten IT Governace für Ihre Cloud Projekte?

43%

57% wichtig
☐ sehr wichtig

Cloud Computing Finanzplatz Schweiz – Chancen und Risiken. Von Stefan Ruchti
www.fhnw.ch/wirtschaft

112

5.3.4 Cloud Chancen

Die Umfrageanalyse hat ergeben, dass Chancen von Cloud Computing für Unternehmen in der Finanzbranche wie folgt wahrgenommen werden. Der Trend im Abbau von interner Hardware durch Virtualiserungsprojekte geht weiter. Es werden Chancen im Abbau und der Reduktion von Energiekosten im Rechenzentrum gesehen. Im weiteren sehen die Befragten Chancen im Bereich einer Erhöhung der Flexibilität, schnellere IT Implementierungszeiten (time to market) und eine Steigerung von Skalierbarkeit und Agilität.

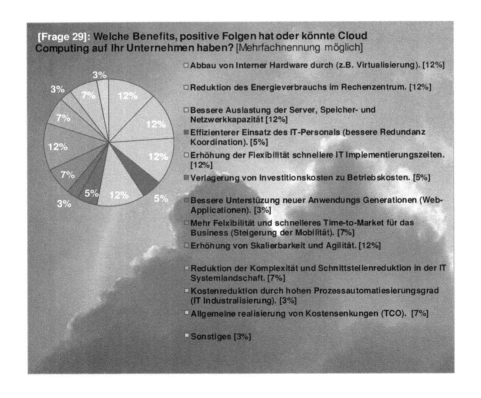

[Frage 29]: Welche Benefits, positive Folgen hat oder könnte Cloud Computing auf Ihr Unternehmen haben? [Mehrfachnennung möglich]

☐ Abbau von Interner Hardware durch (z.B. Virtualisierung). [12%]

☐ Reduktion des Energieverbrauchs im Rechenzentrum. [12%]

☐ Bessere Auslastung der Server, Speicher- und Netzwerkkapazität [12%]

▣ Effizienterer Einsatz des IT-Personals (bessere Redundanz Koordination). [5%]

☐ Erhöhung der Flexibilität schnellere IT Implementierungszeiten. [12%]

▣ Verlagerung von Investitionskosten zu Betriebskosten. [5%]

▣ Bessere Unterstüzung neuer Anwendungs Generationen (Web-Applicationen). [3%]

☐ Mehr Felxibilität und schnelleres Time-to-Market für das Business (Steigerung der Mobilität). [7%]

☐ Erhöhung von Skalierbarkeit und Agilität. [12%]

☐ Reduktion der Komplexität und Schnittstellenreduktion in der IT Systemlandschaft. [7%]

▣ Kostenreduktion durch hohen Prozessautomatiesierungsgrad (IT Industralisierung). [3%]

▣ Allgemeine realisierung von Kostensenkungen (TCO). [7%]

▣ Sonstiges [3%]

Cloud Computing Finanzplatz Schweiz – Chancen und Risiken. Von Stefan Ruchti
www.fhnw.ch/wirtschaft

113

„Cloud Computing, mobile apps und soziale Netzwerke sind dem Marktforschungsinstitut Gartner zufolge die drei wichtigsten Trends der IT-Welt im Jahr 2011.[24]"

5.3.5 Cloud Risiken

Wie bereits erwähnt sind noch einige Unklarheiten betreffend Cloud Computing aus dem Weg zu schaffen, gerade bei Finanzinstitutionen, bei denen es um hohe Reputationsrisiken geht, ist das richtige und effiziente Management von Risiken ein sehr wichtiges marktentscheidendes Kriterium.

„Firmen Interne Bedenken?"

Dies gehört wohl auch zu den möglichen Gründen warum 45% noch Mangel in der Datensicherheit und dem Datenschutz sehen. Gefolgt von 14% erklähren ein fehlendes Know-how der Mitarbeiter, 4% bemängeln zu wenig Unterstützung der Fachbereiche und des Managements zu bekommen. Weitere wichtige Themen und Ihre Anteile entnehmen Sie bitte folgender Grafik. Schweizer CIOs sind gegenüber Trend-Technologien skeptischer. Nur 26% wollen Software as a Service nutzen, weltweit liegt der Wert bei 35%. Ähnlich sieht es beim Cloud Computing aus: 36% der Schweizer CIOs wollen ihre Aktivitäten im Cloud Computing verstärken, weltweit wollen dies hingegen ganze 51% tun.[25]

---

[24] Quelle: online: http://www.gartner.com/it/page.jsp?id=1454221
[25] Harvey Nash, Nichola Manix July 20, 2010, Die grosse CIO-Umfrage.

Cloud Computing Finanzplatz Schweiz – Chancen und Risiken. Von Stefan Ruchti
www.fhnw.ch/wirtschaft

114

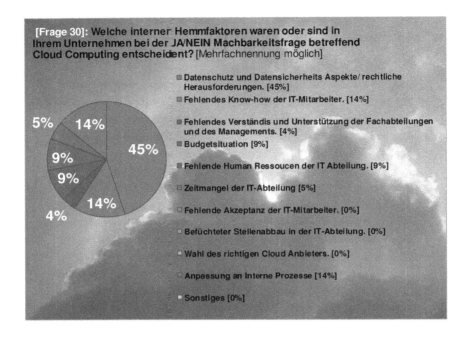

[Frage 30]: Welche interner Hemmfaktoren waren oder sind in Ihrem Unternehmen bei der JA/NEIN Machbarkeitsfrage betreffend Cloud Computing entscheident? [Mehrfachnennung möglich]

- Datenschutz und Datensicherheits Aspekte/ rechtliche Herausforderungen. [45%]
- Fehlendes Know-how der IT-Mitarbeiter. [14%]
- Fehlendes Verständis und Unterstützung der Fachabteilungen und des Managements. [4%]
- Budgetsituation [9%]
- Fehlende Human Ressoucen der IT Abteilung. [9%]
- Zeitmangel der IT-Abteilung [5%]
- Fehlende Akzeptanz der IT-Mitarbeiter. [0%]
- Befüchteter Stellenabbau in der IT-Abteilung. [0%]
- Wahl des richtigen Cloud Anbieters. [0%]
- Anpassung an Interne Prozesse [14%]
- Sonstiges [0%]

„Welche Risiken bestehen?"

Neue Risiken gehen von Cloud Computing aus. Die Meinung der Befragten hat eine 17%ige Gewichtung ergeben, dass technologische-, organisatorische Sicherheitsaspekte, als hohes Risiko eingestuft werden. 19% sehen starke Risiken in Form von rechtlichen und regulatorischen Einschränkungen. Wie schon aus Frage 29 betreffend Hemmfaktoren zu entnehmen, finden wir einen weiteren herausragenden Wert von 17% von einem starken identifizierten Risiko, bedenken im Bereich des Datenschutz und der Datensicherheit gerade in anderen Ländern in denen andere Datenschutzbestimmungen herrschen.

Cloud Computing Finanzplatz Schweiz – Chancen und Risiken. Von Stefan Ruchti
www.fhnw.ch/wirtschaft

115

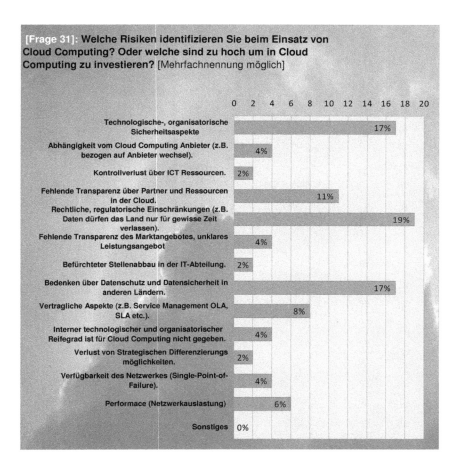

[Frage 31]: Welche Risiken identifizieren Sie beim Einsatz von Cloud Computing? Oder welche sind zu hoch um in Cloud Computing zu investieren? [Mehrfachnennung möglich]

Technologische-, organisatorische Sicherheitsaspekte	17%
Abhängigkeit vom Cloud Computing Anbieter (z.B. bezogen auf Anbieter wechsel).	4%
Kontrollverlust über ICT Ressourcen.	2%
Fehlende Transparenz über Partner und Ressourcen in der Cloud.	11%
Rechtliche, regulatorische Einschränkungen (z.B. Daten dürfen das Land nur für gewisse Zeit verlassen).	19%
Fehlende Transparenz des Marktangebotes, unklares Leistungsangebot	4%
Befürchteter Stellenabbau in der IT-Abteilung.	2%
Bedenken über Datenschutz und Datensicherheit in anderen Ländern.	17%
Vertragliche Aspekte (z.B. Service Management OLA, SLA etc.).	8%
Interner technologischer und organisatorischer Reifegrad ist für Cloud Computing nicht gegeben.	4%
Verlust von Strategischen Differenzierungs möglichkeiten.	2%
Verfügbarkeit des Netzwerkes (Single-Point-of-Failure).	4%
Performace (Netzwerkauslastung)	6%
Sonstiges	0%

„Im Vergleich mit Deutschland konnte man aus den aktuellen Umfrageergebnissen (Januar 2011) eines IT Consulting Unternehmens Deloitte GmbH und BITKOM in Deutschland lesen, dass die Mehrheit der Befragten [54%] angegeben haben, dass sie aktuell keine Cloud Computing-Lösungen einsetzen und dies in näherer Zukunft auch nicht planen. Als Hauptgründe gegen den Einsatz von Clouds konnte man Risikobedenken identifizieren, die mit meiner vorliegenden Studie übereinstimmen. Der Verlust von Daten und Kontrolle, sowie

Cloud Computing Finanzplatz Schweiz – Chancen und Risiken. Von Stefan Ruchti
www.fhnw.ch/wirtschaft

116

mangelndes Vertrauen in die Leistungs- und Lieferfähigkeit der Anbieter, stehen im Vordergrund. [26]"

[26] [Online]:Cloud Computing in Deutschland, Deloitte und BITKOM, Januar 2011

Cloud Computing Finanzplatz Schweiz – Chancen und Risiken. Von Stefan Ruchti
www.fhnw.ch/wirtschaft

117

6. Lesson Learned

Mit Sicherheit kann man die Aussage treffen und die Ergebnisse dieser Umfrage bezeugen es, dass die Finanzbranche nur sehr vorsichtig in Richtung Cloud Computing tendiert, denn zuletzt geht es immer um die großen Reputationswerte wie Kundenvertrauen. Bei unseren Großbanken und Versicherungen geht es um erhebliche Auswirkungen auf volkswirtschaftliche Werte, wie Wohlstand beziehungsweise Wohlfahrt. Der ständige Kostendruck, ausgelöst durch die Sicherstellung der internationalen Wettbewerbsfähigkeit wird der Kreditwirtschaft keine andere Wahl lassen, als das Cloud Computing verstärkt ins Auge zu fassen.

Ausblicke darauf, was uns die Zukunft bringt?! Cloud Computing könnte für die Finanzbranche durchaus von Interesse werden. Bedingung dafür ist aber eine Transparenz zu schaffen. Im Besonderen bezogen auf den Mangel an Praxiserfahrung. Unsere Umfrage belegt es, es herrscht immer noch zu wenig Vertrauen in die Übermittlung, Verarbeitung und Löschung der in der Cloud ausgelagerten Daten [→vgl./Risken: Umfrage]. Als erstes sollte zunächst eine Klassifizierung der Daten und Prozesse stattfinden [→vgl./Klassifizierung: Umfrage] welche in eine Cloud ausgelagert werden könnten. Gerade bei Daten oder Prozessen, bei denen der unmittelbare Einfluss aus Sicht der Compliance ein Outsourcing Konzept unmöglich macht oder stark einschränkt. Aus den Antworten der Umfrage ist auch klar ersichtlich, dass Finanzinstitute ihre sensiblen Daten mit Abstand sicher nicht in eine Public Cloud auslagern [→vgl./Cloud Arten: Umfrage]. Was zurzeit bleibt, sind Private Cloud oder Community Cloud Lösungen in hochsicherheits Rechenzentren bei denen die Datenhoheit unter strengen Security und Riskmanagement Konzepten kontrolliert eingehalten werden können. Auf der anderen Seite müssen die Cloud-Anbieter selbstverständlich mehr Vertrauen schaffen, indem sie in die Sicherheit ihrer Technologien und Prozesse investieren. Erste Schritte wären allgemein anerkannte Zertifizierungen und transparente Cloud Prozesse.

Wenn das Bedürfnis besteht in Cloud Computing zu investieren, führt der Weg nicht um eine klare IST Analyse im eigenen Unternehmen herum. Es muss klar ersichtlich werden, welcher Nutzen und Potenziale die bestehende IT des eigenen Unternehmens hat, um diese mit Cloud Computing zu vergleichen und um die eigentlichen Vorteile zu identifizieren. Eine Effizienzsteigerung eine Verbesserung, das Business noch effektiver zu unterstützen bedeutet auch eine hohe Kostentransparenz zu erreichen, um mit dieser nicht nur das

Cloud Computing Finanzplatz Schweiz – Chancen und Risiken. Von Stefan Ruchti
www.fhnw.ch/wirtschaft

118

Verständnis welche Aufwände für die IT aufkommen, sondern einen wichtigen Aspekt zu schaffen um „*Make or Buy*" Entscheidungen treffen zu können. In der Vorstudie und Analyse der IST Situation eines Cloud Projekts muss festgestellt werden wie man dieses neue Delivery Konzept technologisch und organisatorisch in seine eigene IT Infrastruktur einbinden kann und ob es überhaupt Sinn macht. Es ist also nötig eine klare Sicht auf den sogenannten [→Cloud Reife Grad] des eigenen Unternehmens der IT Infrastruktur und von Cloud Computing zu bekommen. Ein besonderes Augenmerk in der Finanzbranche ist selbstverständlich auf die IT Compliance beziehungsweise, die IT Security und auf die Risikomanagement-Anforderungen zu werfen. Für Cloud strategische Überlegungen und eine mögliche erfolgreiche Evaluierung, sowie eine Empfehlung, wie eine solche Vorgehensweise einer erfolgreichen Integration von Cloud Services in das eigene Unternehmen aussehen könnte, empfiehlt sich die Master Studie von Stefanie Hutmacher, 2010 FHNW: *Usage of Cloud Computing: Where do we stand and where are we going?* [→Lit./34]. In dieser detaillierten Arbeit definiert Sie eine Methodik und anhand einer Roadmap zeigt sie uns eine klare Struktur auf, mit derer man eine schrittweise Annäherung in die Cloud beschreiten könnte oder kann.

Cloud Computing Finanzplatz Schweiz – Chancen und Risiken. Von Stefan Ruchti
www.fhnw.ch/wirtschaft

119

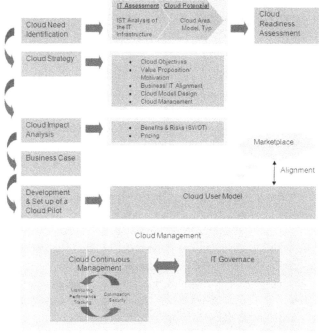

Quelle: Stefanie Hutmacher

Das Konzept lehnt stark an bekannte Konzepte an und geht spezifisch in der Arbeit von Stefanie Hutmacher, von einer IST Analyse der *[Cloud Need Identification]* aus. Diese soll als erstes eine klare Bestandsaufnahme über die bestehende IT Landschaft die IT Architektur, unterstützende Frameworks, sowie eine grundlegende Offenlegung über alle Werte und Kostentreiber und deren Nutzen geben etc. Wissen und Bedingungen die vorhanden sein müssen um erfolgreiche Entscheidungen treffen zu können, im Sinne von inwieweit man elektronische Datenverarbeitung selber betreibt, oder diese einkauft beziehungsweise mietet. In einem sequenziellen Schritt wird das klare Potenzial von Clouds Angeboten anhand eines Benchmarks mit der Konkurrenz und dem eigenen Unternehmen sowie allen nötigen Shareholders verglichen. Aus diesen aufbereiteten Informationen kristallisiert sich dann als erstes der effektive und aktuelle Reifegrad des eigenen Unternehmens für Cloud Computing heraus. Ganz wichtig finde ich diesen sogenannten Cloud Reifegrad. Dieser wird von Stefanie Hutmacher in ihrer Arbeit in Kapitel 6.2.2. *Cloud Readyness* als Grad der Reife so verstanden, dass man sich die Frage stellt, ob man überhaupt die nötige Bereitschaft aufweist in Cloud Konzepte zu investieren. Sie beruft sich

Cloud Computing Finanzplatz Schweiz – Chancen und Risiken. Von Stefan Ruchti
www.fhnw.ch/wirtschaft

120

in ihrer Arbeit stark auf IBM, die eine Bereitschaftsmethodik entwickelt haben, die auf eine Mischung von Bedürfnissen, Reife und Fähigkeiten innerhalb eines Unternehmens aufbaut. Selbstverständlich haben auch andere Cloud Anbieter, Provider etc. ihre eigenen Methoden einen Cloud Reifegrad zu ermitteln.

Je nach Größe des Finanzunternehmens kann es durchaus sein, dass vorerst noch andere Projekte abgeschlossen werden müssen, bevor man sich auf den Weg in eine Cloud begibt. Dabei denke ich an hoch stehende Prozessorientierte auf z.B. ITIL V3 basierende Aufbau- und Service Management Organisationen, Virtualisierte IT Landschaften und die nötige Verfügbarkeit, Bandbreite und soweit machbar, die Quality of Services des IT Netzwerkes etc. Wir sind nun im Wissen darüber welche Bedürfnisse wir mit Cloud Computing abdecken wollen, kennen die IST Situation des eigenen Unternehmens, die Risiken und haben uns auf dem Cloud Markt spezifische oder grundlegende Cloud Solutions Informationen beschafft. Anhand dieser Erkenntnisse ist es nun Zeit für die Fragen: Wie und wohin will man gehen? Eine Cloud Strategie in die, wenn vorhandene IT Sourcing Strategie zu integrieren und dann deren abgeleiteten Ziele zu verfolgen, beschreibt Stefanie Hutmacher in Kapitel 6.3 *Cloud Strategie* ihrer Studie. Dabei macht sie eine wichtige Aussage: „Es muss klargestellt werden, dass eine Cloud Strategie nie r chtig oder falsch ist, sondern die richtige Strategie von der Unternehmensstrategie abhängt und zuletzt die Bedürfnisse und spezifischen Anforderungen eines Unternehmens erfüllen soll".[Stefanie Hutmacher, 2010]. Das Design der Cloud- oder allgemeinen IT Strategie soll kein statisches Gebilde sein, sondern ein in einem definierten und bestimmten Zeitraum anpassungsfähiges Konzept, dass der ständigen Überprüfung, Überarbeitung und Anpassungen unterworfen ist.

Wenn wir die Roadmap von Stefanie Hutmacher weiterverfolgen, kommen wir zum Schritt einer *Cloud Impact Analyse*. Ein wichtiger Schritt, um die möglichen Auswirkungen von Nutzen, Risiken und Kosten, in Bezug auf ein bestimmtes Preismodell von Cloud Computing auf IT und das Business zu identifizieren. Als nächstes sollte man einen *Cloud Pilot* starten, um das ganze Cloud Vorhaben zu testen und nach verschiedenen wichtigen Kriterien, wie Sicherheit, Zuverlässigkeit und Verwaltbarkeit, Pay-for-use Merkmale etc. zu überprüfen und gegebenenfalls mit der Cloud Strategie abzugleichen. Der nächste Schritt Richtung Cloud ist dann die Entwicklung eines *Cloud User Modells*, damit wird die Cloud Strategie detailliert in die operative Ebene herunter gebrochen. Ziel dieses Modells ist es, Cloud Benutzerorganisationen einen Überblick zu geben. Dieser wiederkehrende Prozessablauf der auf die verändernden Becürfnisse der Cloud Benutzer eingeht und die Beziehungen zwischen den verschiedenen Cloud Services und Cloud Anbietern aufzeigt und dokumentiert.

Cloud Computing Finanzplatz Schweiz – Chancen und Risiken. Von Stefan Ruchti
www.fhnw.ch/wirtschaft

121

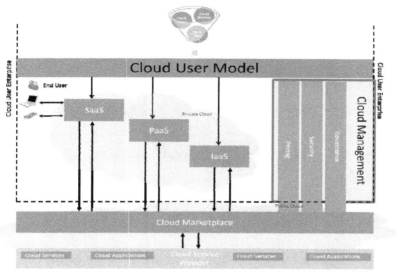

Quelle: Stefanie Hutmacher 2010

ABBILDUNG 25: ROADMAP, STEFANIE HUTMACHER 2010, QUELLE: STEFANIE HUTMACHER 2010.

Ein weiterer wichtiger Punkt ist das Managen der Cloud Umgebung. Je komplexer eine Cloud ist, desto schwieriger wird es sein sie zu kontrollieren. Dabei ist ein Kontrollkonzept bei Cloud Computing nicht wegzudenken. Durch klar definierte Richtlinien der Cloud Governace wird ein Cloud Management Prozess definiert, der sich dadurch auszeichnet eine Kontrollinstanz in der Cloud Umgebung einzunehmen. Wichtig sind eine stetig kontinuierliche Überprüfung der Cloud Leistungen in Bezug auf das Preis- Leistungsmodell, Verfügbarkeit und Sicherheit etc. sowie die Kontrolle und Beweisführung des SLA Reporting zwischen den Cloud Anbietern und dem Cloud Benutzer. Weitere Einzelheiten über die Cloud Roadmap und weiterführende Themen entnehmen Sie bitte der Studie von Stefanie Hutmacher [→Lit./34].

Cloud Computing Finanzplatz Schweiz – Chancen und Risiken. Von Stefan Ruchti
www.fhnw.ch/wirtschaft

122

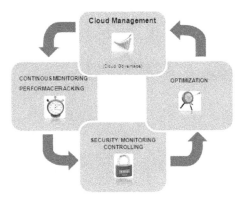

Für weitere Cloud Forschung und Cloud Anwendung vor allem im Bereich der Security und Governace von Cloud Computing empfiehlt sich die Master Thesis FHNW von Claudio Giovanoli Thema: Security/Governace of Cloud Computing Users: Developing a Benchmark tool. [→Lit./41]. Ganz wichtig finde ich den einzigartigen Security Report 2010 der Schweizer Firma ISPIN AG und dessen Security Consulting Leistungen im Bereich Cloud Computing, [→Lit./19] sowie aktuelle Forschungsentwicklungen und aktive Arbeiten im Bereich Standardisierung und Zertifizierung von Cloud Computing, der Fachverbände wie Euro Cloud Swiss [→Lit./42] oder swissICT Fachgruppe Cloud Computing. [→Lit./43].

Cloud Computing Finanzplatz Schweiz – Chancen und Risiken. Von Stefan Ruchti
www.fhnw.ch/wirtschaft

123

Literaturverzeichnis

1. **Daniele Catteddu and Giles Hobgen**, 2009. online: Cloud Computing: Benefits, risks and recommendations for information security (ENISA) http://www.enisa.europa.eu/act/rm/files/deliverables/cloud-computing-risk-assessment.

2. **Fort George G. Meade**, 1993. National Computer Security Center a Guide to understanding covert channel Analysis of trusted systems.

3. **IT WISSEN**, 7.Oktober 2010. online: www.itwissen.info/definition/lexikon/Cloud-Computing.html.

4. **Eidgenössische Finanzaufsichtsbehörde**. online: www.finma.ch.

5. **Schweizerischer Versicherungs Verband** (SVV). online: www.svv.ch.

6. **Bundesamt für Sicherheit in der Informationstechnik (BSI)** 2006. online: Sicherheit von Webanwendungen Massnahmenkatalog und Best Practices.

7. **Michael Gohlke, Niki Lüdtke, Thomas Bensch**, 2009. online: Cloud Computing – Chancen und Risiken für international agierende IT-Dienstleister.

8. **Stefanie Hutmacher**, 2010. Master Thesis - Usage of Cloud Computing: Where do we stand and where are we going?

9. **Gentry Craig**, online: http://delivery.acm.org.

10. **RSA Laboratories**, PKCS#11. online: http://www.rsa.com/rsalabs.

11. **Devera Martin**, online: http://luxik.cdi.cz/~devik/qos/htb/old/htbtheory.htm.

12. **Forester**, online: http://www.forrester.com/rb/research.

13. **USA PATRIOT ACT**, online: http://de.wikipedia.org/wiki/USA_PATRIOT_Act.

14. **Euroforum Bank IT**, Fachtagung besucht am 25./26.01.2011, Zürich. http://www.bank-it.ch.

15. **Too Big to fail**, online: http://www.sif.admin.ch/dokumentation/00514/00519/00592.

16. **Art. 26 des OECD-Musterabkommens.** online: http://www.oecd.org/document.

17. **Principles for enhancing corporate governance**, online: http://www.bis.org/publ/bcbs168.pdf.

18. **Frank-Michael Schlede** – (virtualiserungs guide). online: http://www.virtualisierungs-guide.de/Sicherheit/tabid/267/articleType/ArticleView/articleId/13589/Schutz-gegen-Guest-Hopping-und-Hypervisor-Attack.aspx.

19. **ISPIN AG** Zürich 2011, Marco Marchesi CEO, ISPIN Security Report 2010, Bezugsquelle: www.ispin.ch.

20. **Dr. Hans-Joachim Jaeger, Bruno Patusi**, Foreign Account Tax Compliance Act (FATCA) Die Herausforderungen der neuen US-Regulierung meistern 2010. online: http://www.ey.com/DE/de/Industries/Banking---Capital-Markets/EMEIA---Financial-Services---Brochures---Flyers.

21. **The Data Liberation Front,** online: http://www.dataliberation.org.

Cloud Computing Finanzplatz Schweiz – Chancen und Risiken. Von Stefan Ruchti
www.fhnw.ch/wirtschaft

124

22. **Jean-Cloud Trichet**, 2011, Global imbalances and financial stability. online:
http://www.ecb.europa.eu/press/key/date/2011/html/sp110218.en.html.

23. **European Banking Authority**, 2011. online: http://www.eba.europa.eu.

24. **Basel III**, online: http://bis.org/list/bcbs/tid_132/index.htm.

25. **Schutz der Privatsphäre im Vordergrund**, 2009. online:
http://www.efd.admin.ch/dokumentation/medieninformationen/00467/index.html?lang=de&msg-id=30720.

26. **SIX Group**, 2011. online: http://www.sixgroup.com/about_sixgroup_de.html.

27. **BIZ**, 20011 online: http://www.bis.org.

28. **SWIFT**, 2011 online: http://www.swift.com/about_swift/index.page.

29. **Scalability** online: http://en.wikipedia.org/wiki/Scalability.

30. **Redundancy (engineering)**. online:
http://en.wikipedia.org/wiki/Redundancy_%28engineering%29.

31. **Deutsches Institut für Normung DIN**. online: http://www.din.de/cmd?level=tpl-bereich&menuid=47420&cmsareaid=47420&languageid=de.

32. **Eidgenössische Datenschutz- und Öffentlichkeitsbeauftragter (EDÖB)**. Online:
http://www.edoeb.admin.ch/aktuell/01219/index.html?lang=de.

33. **Thomas Ristenpart, Eran Tromer, Hovav Shacham, Stefan Savage.** Online:
http://people.csail.mit.edu/tromer/papers/cloudsec.pdf.

34. **Gentry, Craig.** online: http://delivery.acm.org/10.1145/1540000/1536440/p169-gentry.pdf?key1=1536440&key2=6166986521&coll=GUIDE&dl=GUIDE&CFID=60359435&CFTOKEN=10086693.

35. **Schneier, Bruce,** Online:
http://www.schneier.com/blog/archives/2009/07/homomorphic_enc.html.

36. **Andrew Bechere, Alex Stamos, Nathan Wilcox,**
online:http://www.slideshare.net/astamos/cloud-computing-security.

37. **Wikipedia,** online: http://en.wikipedia.org/wiki/Token_bucket.

38. **Wikipedia,** online: http://en.wikipedia.org/wiki/Fair_queuing.

39. **Wikipedia,** online: http://en.wikipedia.org/wiki/Class-based_queueing.

40. **Devera, Martin,** online: http://luxik.cdi.cz/~devik/qos/htb/old/htbtheory.htm.

41. **Claudio Giovanoli**, Master Thesis FHNW: Security/Governace of Cloud Computing Users:
Developing a Benchmark tool.

42. **Euro Cloud Swiss,** online: http://www.eurocloudswiss.ch.

43. **SwissICT, Fachgruppe Cloud Computing,** online: www.swissict.ch/fg_cloudcomputing.html.

Cloud Computing Finanzplatz Schweiz – Chancen und Risiken. Von Stefan Ruchti
www.fhnw.ch/wirtschaft

125

Anhang A: Umfrage Struktur

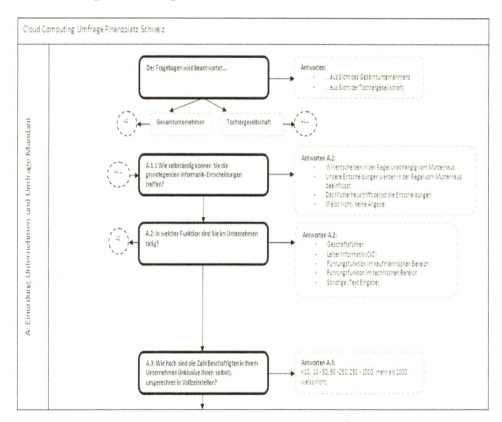

Cloud Computing Finanzplatz Schweiz – Chancen und Risiken. Von Stefan Ruchti
www.fhnw.ch/wirtschaft

1

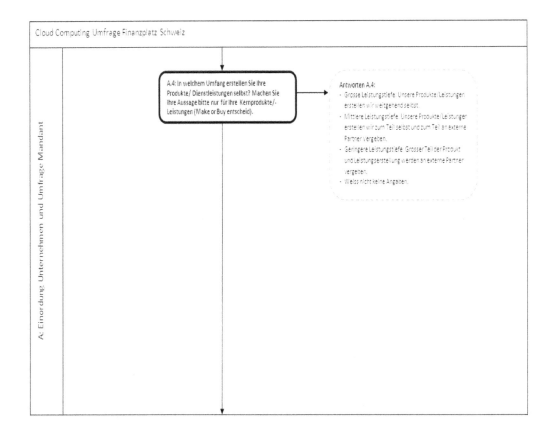

Cloud Computing Finanzplatz Schweiz – Chancen und Risiken. Von Stefan Ruchti
www.fhnw.ch/wirtschaft

2

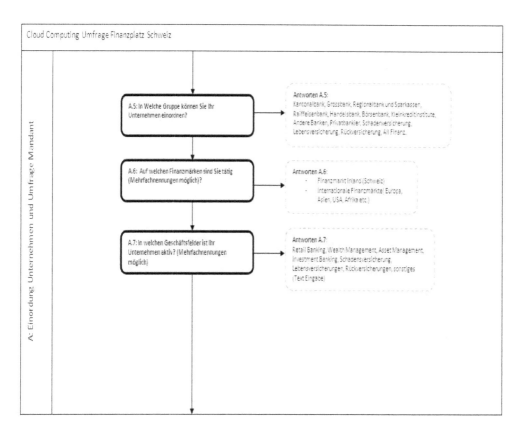

Cloud Computing Finanzplatz Schweiz – Chancen und Risiken. Von Stefan Ruchti
www.fhnw.ch/wirtschaft

3

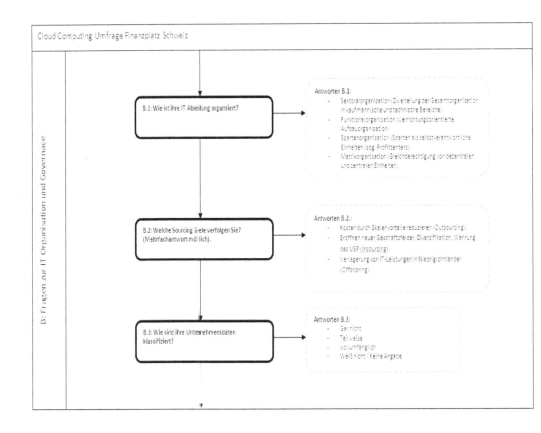

Cloud Computing Finanzplatz Schweiz – Chancen und Risiken. Von Stefan Ruchti
www.fhnw.ch/wirtschaft

4

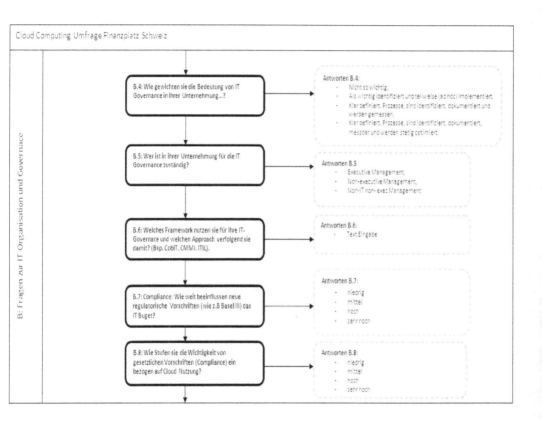

Cloud Computing Finanzplatz Schweiz – Chancen und Risiken. Von Stefan Ruchti
www.fhnw.ch/wirtschaft

5

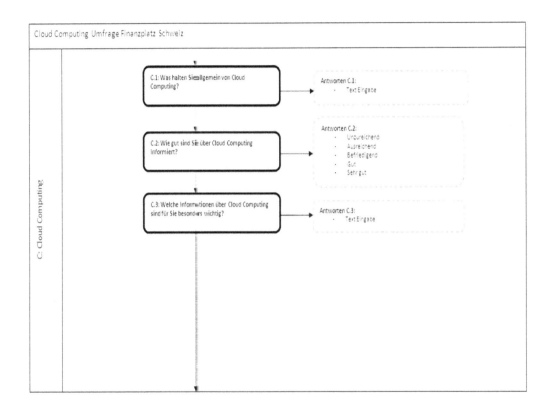

Cloud Computing Finanzplatz Schweiz – Chancen und Risiken. Von Stefan Ruchti
www.fhnw.ch/wirtschaft

6

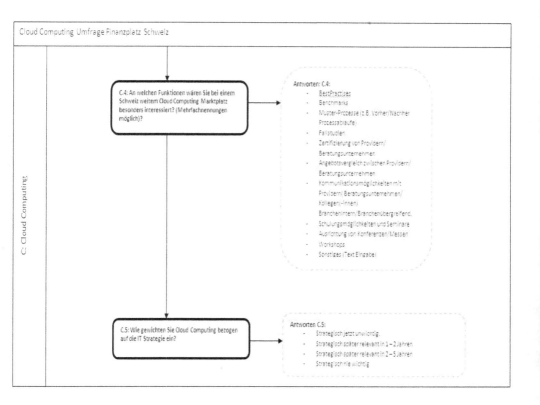

Cloud Computing Finanzplatz Schweiz – Chancen und Risiken. Von Stefan Ruchti
www.fhnw.ch/wirtschaft

7

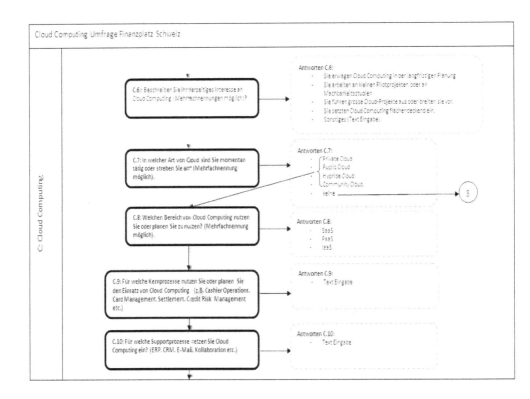

Cloud Computing Finanzplatz Schweiz – Chancen und Risiken. Von Stefan Ruchti
www.fhnw.ch/wirtschaft

8

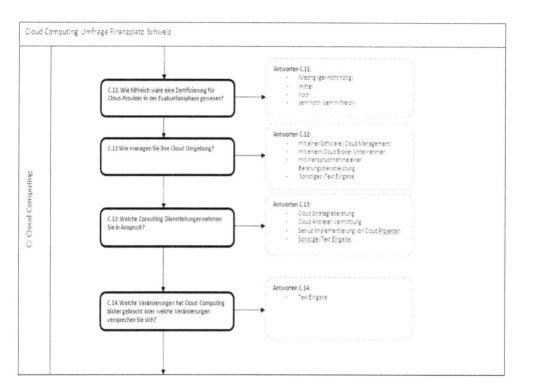

Cloud Computing Finanzplatz Schweiz – Chancen und Risiken. Von Stefan Ruchti
www.fhnw.ch/wirtschaft

9

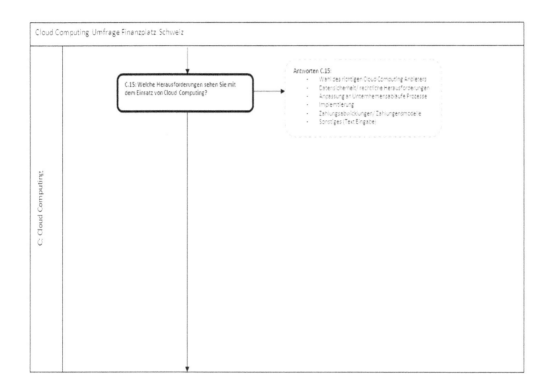

Cloud Computing Finanzplatz Schweiz – Chancen und Risiken. Von Stefan Ruchti
www.fhnw.ch/wirtschaft

10

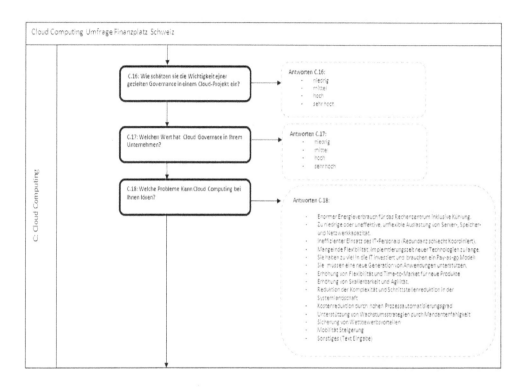

Cloud Computing Finanzplatz Schweiz – Chancen und Risiken. Von Stefan Ruchti
www.fhnw.ch/wirtschaft

11

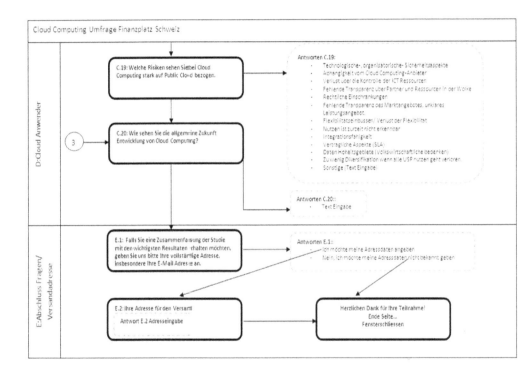

Cloud Computing Finanzplatz Schweiz – Chancen und Risiken. Von Stefan Ruchti
www.fhnw.ch/wirtschaft

12